共生社会学
入門

多様性を認める
ソーシャル・インクルージョンを
めざして

[編者代表]

小山　望

福村出版

目　次

はじめに

　2023（令和5）年度から田園調布学園大学人間福祉学部，心理福祉学科の名称が「共生社会学科」に変更される機会に，共生社会学入門のテキストを作成しようと学科の教員有志たちが集まり，また共生社会に関心をもつ他学科や他大学の教員も加わって執筆したのが本書である。学科内に共生社会研究会というチームをつくり，企画から編集までともに作業をしてもらったのは，共生社会学科の藤森智子教授，新名正弥准教授，國見真理子准教授，加えて編集のアドバイスをいただいたのは，村井祐一教授，相澤哲教授である。

　共生社会という言葉は，社会でさまざまに使用され，耳にすることも多くなった。異民族，異文化が陸続きで接しているヨーロッパと違い，日本は島国で，しかも多民族国家ではない。同じ言葉，似たような文化や生活習慣で暮らしているので，多様性という文化が根付きにくい。共生社会とは，差別や排除されている人々を包み込み，多様性を受け入れる社会という意味がある。障がい者，子ども，高齢者，外国籍の人，女性，LGBTQ，災害被災者，刑期を終えた元犯罪者など社会的に弱い立場に置かれている人々に対して対等な立場で相互に尊重し，多様な形で参加・貢献できる社会が共生社会である。社会には大きく分けてマジョリティ（多数派）とマイノリティ（少数派）という2つの立場があるが，社会の仕組みはマジョリティの特権者がつくっている。身近な例では，ハサミやドアノブは右利き用に作られ，鉄道の改札口に設けている交通系カードの読み取り装置は右側にあるので，左利きの人は右手に持ち替えて読み取り装置にタッチすることになる。車いす利用者が鉄道を利用するときは，サポートしてもらわないと電車に乗り込むことはできない。鉄道は車いすの人が移動できる仕様にはなっていない。

　また日本では障がいの有無によって教育の場所が分けられている。障がいのない児童はマジョリティ側で，通常学級に通い，障がいのある児童はマイノリティ側で，特別支援学級や特別支援学校に通学している。障がいのある子どもは，普通学校の通常学級から排除されている。逆の立場で見ると，障がい

のない子どもたちは障がいのある子どもたちと関わる機会を失ったまま成長していくことになる。つまり，マイノリティ側である障がいのある人への理解や尊重も生まれにくい。2006年に「障害者の権利に関する条約」が国連総会で採択され，日本も2014年に批准している。世界では，障がい児と健常児がともに通常学級で学ぶインクルーシブ教育の推進が謳われ，日本もインクルーシブ教育を進める方向であったが，障がい児は通常学級で学ぶどころか，特別支援学級や特別支援学校で特別支援教育を受ける方向に進んでいる。世界がインクルーシブ教育にシフトしているなか，逆の方向に舵を切っている。ついに2022年，日本は国連の障害者権利委員会から「障害のある児童にインクルーシブ教育の権利を保障すべき」という勧告を受けた。

　どんな人も排除しないで，互いに支え合い，助け合い，誰もが地域社会に居場所があって安心して過ごせることを目指すために，まず私たち自身がマジョリティ側の人間であること，マジョリティ特権者がつくり上げた社会にいること，その特権社会はマイノリティの人を排除する仕組みを含んでいることを自覚することが大切である。

　本書は共生社会に関するさまざまな分野の専門家が，学生に学んでほしいテーマに取り組んで執筆している。本書で扱った分野は，地域共生社会，子どもの貧困問題，高齢者福祉，障がい児の心理・福祉・教育，多文化共生，男女共同参画，共生社会学，インクルーシブの実践（幼児期），インクルーシブ教育（小学校・中学校），インクルーシブ教育（特別支援教育），基礎教育保障，コミュニティ心理学などである。共生社会の実現に貢献する人材育成の観点から幅広い内容になったが，今後，日本が共生社会に近づくために必要な学びとなる素材を提供できれば幸いである。

2023年4月

編者を代表して　小山　望

第1章
共生社会（ソーシャル・インクルージョン）とは

相澤　哲

1.　共生社会の理念

　たとえば2022年現在，内閣府のホームページの「内閣府の政策」のうちの「政策調整（旧共生社会）」の冒頭部には，「国民一人一人が豊かな人間性を育み生きる力を身に付けていくとともに，国民皆で子供や若者を育成・支援し，年齢や障がいの有無等にかかわりなく安全に安心して暮らせる『共生社会』を実現することが必要です」と記されている。

　またたとえば，日本において「共生社会」という語が明記された最初の法律は障害者基本法であるが，その「第1条（目的）」の文中には，「全ての国民が，障害の有無によって分け隔てられることなく，相互に人格と個性を尊重し合いながら共生する社会を実現するため」という記述がある。

　これら国の政策や法律にある記述を見ても，共生社会とは，障がいを有しているとか，外国籍であるとか，性的マイノリティにあたる等を理由として人が差別されたり排除されることがない，すべての人がお互いを尊重し合う，すべての人が安心して暮らせる社会を指す概念であると考えられる。また上の2例の記述からも，共生社会とは，私たちが努力して実現を目指すべき「理念」であることが推測できる。逆にいえば，現実の日本社会は（そしておそらく他の国々も），まだ共生社会と呼べるような，多様な人々がともに尊重し合って生きられるような理想的な状態には至っていない，と推測される。

2.　ノーマライゼーションの理念

　欧米各国でも日本でも，障がい者はさまざまな差別的な扱いを受け，しばしば社会における重要な場所（たとえば学校や企業）から排除されてきた。近代に

入り学校教育が定着するなか，各国において徐々に障がいを有する児童も学校教育の中に位置づけていく改革が進められる等の動きはあったものの，たとえば欧米各国でも日本でも，20世紀半ばまで「優生学」の思想に基づいた不妊手術が行われる等，とくに知的障がい者，精神障がい者に対する冷酷な処遇は続いていた。

　社会福祉や教育の分野において，多様な人々の共生を実現しようとする理念は，障がいを有する人々との関わりの中で大きく発展してきたといえる。それらの中でもとくに重要なものが「ノーマライゼーション」の理念である。

　デンマークの行政官バンク−ミケルセンは，学生時代からナチスに対するレジスタンス活動に参加し，ナチスによる逮捕と強制収容所での生活を体験する。解放後，デンマーク社会省知的障がい福祉課に勤務して施設行政を担当することになるが，彼がそこで目の当たりにした当時の施設における知的障がい者の処遇は，ナチスの強制収容所における囚人への処遇を思い起こさせるものであった。当時の知的障がい者施設では，剝き出しの床の大きな部屋に何十というベッドが所狭しと並べられ，そこに大人から子どもまで一緒に詰め込まれて生活していた。個人の持ち物は制限され，粗末な衣服と貧しい食事しか与えられなかった。そして1920年代末から1950年代まで，デンマークでも優生手術を受けていることが，施設から社会へ出る際の必要条件とされた。

　彼は，障がいをもつ子どもたちが生活している施設をなんとか改革したいと願う「知的障がい者の親の会」と協働して，知的障がい者施設の改革に努めた。「親の会」からの要望に応じ，世界に先駆けて「知的障がい者の生活を可能な限りノーマルな生活状態に近づけること」を目的とした1959年の知的障がい者法の制定にも尽力した。バンク−ミケルセンによれば，ノーマライゼーションとは，平等化（イクォーライゼーション）であり人道化（ヒューマニゼーション）である。障がいがある人をノーマルにするということではなく，彼らの生活条件をノーマルにすることである[1]。

　スウェーデン赤十字社に勤務し，その後スウェーデン知的障がい児童・青少年・成人連盟事務局長兼オンブズマンとして障がいをもつ人やその親とともに活動するB・ニィリエは，バンク−ミケルセンからも刺激を受けつつ，「ノーマライゼーション」原理の整備，定式化に取り組んだ。

1969年に公表された論文「ノーマライゼーションの原理とその人間的処遇とのかかわり合い」の中で，ニィリエは「ノーマライゼーションの原理とは，社会の主流となっている規範や形態にできるだけ近い，日常生活の条件を知的障がい者が得られるようにすることを意味している」という定義を示し，さらに実現されるべきノーマライゼーション原理の8つの要素（①一日のノーマルなリズム，②ノーマルな生活上の日課，③一年のノーマルなリズム，④ライフサイクルを通じてのノーマルな発達的経験，⑤知的障がい者本人の選択や願いの尊重，⑥男女両性がともに暮らせること，⑦ノーマルな経済水準，⑧病院・学校・施設等の設備基準が一般市民用の同種の施設に適用されるものと同等であること）を提示した。

　ニィリエも，ノーマライゼーション原理の整備を通して，障がいをもつ人が地域社会や文化の中で「普通（ノーマル）」とされている生活にできる限り近づけること，障がいをもつ人々の生活条件や生活形態をよりよいものに変え，生活の質を高めていくことを主に目指していたといえる。

　ほぼ同時期にアメリカで研究活動を行っていたW・ヴォルフェンスベルガーは，対人処遇一般に広く適用できるようにするため，また北米の読者にも理解可能にするため，ノーマライゼーション原理の定義を「可能な限り文化的に通常である身体的な行動や特徴を維持したり，確立するために，可能な限り文化的に通常となっている手段を利用すること」と再構成した。彼の適応主義的なノーマライゼーションの捉え方には，バンク−ミケルセン，ニィリエによる概念とはかなり異なる面もあるのだが，彼の著作は北欧生まれのノーマライゼーションの理念を英語圏に普及させるのに大きく貢献する[2]。

　彼らによって体系化されたノーマライゼーションの理念は，知的障がいの分野だけでなく，他のさまざまな障がいをもつ人々や各種のマイノリティに対しても適用されるようになり，国際的にも大きな影響力をもつようになっていった。国連総会で1971年に採択された「知的障害者の権利宣言」，1975年の「障害者の権利宣言」，1979年の「国際障害者年行動計画」等においても，ノーマライゼーションは基本理念の一つとして位置づけられていた。

　日本では，ノーマライゼーションの理念は1970年代後半から紹介され始め，1981年の国際障害者年をきっかけとして1980年代を通じ定着していった。1995年に内閣総理大臣を本部長とする障害者対策推進本部によって策定され

た「障害者プラン」には「ノーマライゼーション7か年戦略」という別名がつけられた。この具体的な数値目標も含む重点施策実施計画は，ライフステージのすべての段階において全人間的復権を目指すリハビリテーション，地域での自立生活支援，そして障がい者が障がいのない者と同等に生活し，活動する社会を目指すノーマライゼーションを，基本理念に据えていた。

　障がい者が障がいのない者と同等に生活できる社会，障がいの有無にかかわらず，誰もが安心して暮らせる社会，というノーマライゼーション原理が希求した社会の姿は，今日共有されている共生社会のビジョンにまっすぐにつながるものといえる。

3.　インテグレーションからインクルージョンへ

　ノーマライゼーションの原理が世界的に広まるなか，「障がい者や被差別少数者（マイノリティ）を一般社会に受け入れ，統合する」ことを目指す「インテグレーション（統合）」と呼ばれる考え方が生まれた。

　たとえば，長らく障がい児に対する分離教育が行われていたイギリスでは，1978年のウォーノック報告，ならびに，これを受けて1981年に制定された教育法によって大きな変革が推進された。ウォーノック報告ならびに1981年教育法においては，それまでの医学的視点からの障がい分類に代わって「特別な教育的ニーズ」という考え方が打ち出され，また，インテグレーションの原則が明らかにされていた。

　インテグレーションの原則の導入は，日本の教育分野においては「統合教育」「統合保育」と称され，行事のとき等に通常の学校と特別支援学校とで交流する，通常の学校の中に特別支援学級があり，授業は別に行うが，その他の時間はともに過ごせるようにする，普通学級に障がい児を受け入れる等の試みが行われた。

　インテグレーションの推進，あるいは「統合教育」「統合保育」の試みは，それまでの障がい児を分離・隔離する教育のあり方と対峙するものであり，一定の成果はあったと考えられる。しかし，やがて基本となる理念や方法等についての根本的な改革が行われないまま，場の統合のみが推進されている等の問

題点が指摘されるようになった。たとえば，児童の障がいの種類，程度，心身の状態等は一人ひとり異なり，個別的な配慮，対応が必要になるはずだが，そうした配慮を欠いたまま，障がい児も健常児も一斉に同じ内容の活動をするような「統合教育」になっていること等への疑問，批判が投げかけられるようになったのである。

　1980年代以降，インテグレーションをさらに発展もしくは成熟させた理念として「インクルージョン」が注目されるようになる。インクルージョンの語は，1980年代後半から，アメリカにおける障がい児教育の分野で用いられるようになっていたが，教育におけるインクルージョンの原則を明らかにしたものとして，とくに1994年のサラマンカ宣言が重要である。

　国連の専門機関であるユネスコ（UNESCO：国連教育科学文化機関）は，1980年代，さまざまな理由で教育を受けられない子どもたちが世界に多数いる事実に着目し，「万人のための教育」を推進してきた。その成果として，1994年6月，ユネスコはスペイン政府と共同で，スペインのサラマンカで特別ニーズ教育に関する世界大会を開催し，5つの柱からなる「サラマンカ宣言」と各国で実施するための枠組みを示した「行動大綱」を採択した。

　サラマンカ宣言と行動大綱では，「個人の差異や困難によらず，すべての子どもを包含（インクルージョン）できるような教育システムの改善」を図ることとして，インクルーシブな学校教育の原則が勧奨されている。サラマンカ宣言と行動大綱は，特別ニーズ教育，インクルーシブ教育，インクルーシブな学校の理念を提起し，また各国政府がそうした理念を自国の教育政策に取り入れることを求めた，国際社会への呼びかけという性格をもつ文書である。

　サラマンカ宣言には，次のような記載がある。「学校は，身体的，知的，社会的，情緒的，言語的，あるいはその他の状況にかかわらず，全ての子どもを受け入れなければならない。インクルーシブ教育は，障がいのある子どもや才能のある子ども，路上生活を強いられる子どもや未成年労働者，辺境地域に居住する子どもや遊牧民の子ども，言語的，民族的，文化的マイノリティの子ども，あるいはその他の不利な立場にある，または周縁化された地域や集団の子どもを対象にしなければならない」[3]。

　ここに見られるように，サラマンカ宣言におけるインクルージョンあるいは

インクルーシブ教育は，障がいをもつ子どもだけでなく，あらゆる子どもの特別な教育的ニーズを包含できるような学校の創造を目指すとともに，そうした学校を含む社会のあり方を提起した理念である。この理念において重要なのは，「多様性（diversity）」の尊重，強調という要素である。インクルージョンの理念においては，かつてのインテグレーション（に対する一部の解釈）のように「同化」が求められているのではなく，学校や社会が個々の多様性を包含していけるように変革していくためのプロセスが含意されているのだ[4]。

4. ソーシャル・インクルージョン（社会的包摂）

　サラマンカ宣言において教育におけるインクルージョンの理念が明確にされる前，1980年代ごろから，ソーシャル・インクルージョン（社会的包摂）の理念が，ヨーロッパ諸国の社会政策において重要なものとなっていた。ソーシャル・インクルージョンの概念は，ソーシャル・エクスクルージョン（社会的排除）の概念と対になるものである。

　ソーシャル・エクスクルージョンという言葉は，まずフランスで広く用いられるようになった。フランスの社会相であったルネ・ノワールが1974年の著書『排除された人たち―10人のフランス人のうちの1人―』の中で使用したのがきっかけといわれている。そこでは，フランスの経済成長から取り残された人々が取り上げられていた。

　1980年代後半になるとEU（ヨーロッパ連合）諸国において，従来の貧困対策に代わる新たな方向性として，ソーシャル・エクスクルージョンに対抗する包摂的な政策が議論されるようになる。1993年には，マーストリヒト条約（EUの基本条約）に関する議定書の中で，ソーシャル・インクルージョンが政策目標に盛り込まれた。フランスでは1995年の障がい者基本法や，外国人移住者の排斥に抗して1998年に制定された社会的排除防止法等により，ソーシャル・インクルージョンが政策化された。

　イギリスでは，1997年の選挙で勝利した労働党のブレア首相が，ソーシャル・インクルージョンを新政権の社会政策の基本に据えた。旧来の労働党の福祉国家政策ともサッチャー以来の新自由主義的政策とも異なる「第三の道」を

宣言したブレア政権は，内閣府の中に「社会的排除対策室」を組織し，ホームレス，貧困に苦しむ外国人労働者，失業者，ニートやフリーター，非行や犯罪等に関する施策を，ソーシャル・インクルージョンの理念のもと，横断的な行政により推進しようとした。

　2000年のリスボンでのEU理事会では，2001年以降の「貧困と社会的排除に抗する国家活動計画」の提示が加盟国に義務づけられた。フランスでは，ソーシャル・インクルージョンは社会的連帯の再構築と捉えられ，イギリスでは，生活困窮層を労働市場に包摂させる目標が強調され，すでにノーマライゼーションの理念が浸透し，国家による手厚い福祉を実現していた北欧諸国では，政府と自治体の責任による包摂が目指される等，強調点やアプローチにはさまざまな差異があったものの，21世紀初頭には，ソーシャル・インクルージョンは西欧諸国において社会政策の中核に位置づけられるようになった。

　日本では，2000年，厚生労働省社会援護局が「社会的な援護を要する人々に対する社会福祉のあり方に関する検討会」を設け，その報告書においてソーシャル・インクルージョンは，新たな福祉課題に対応する理念として位置づけられた。麻生内閣のもとで2009年にまとめられた「安心社会実現会議」の報告書の中では，雇用を軸に日本社会の安心を再構築することが提言され，排除されている人々に対して「社会への迎え入れ（ソーシャル・インクルージョン）」を図るべき，と述べられていた。

　2011年1月には菅内閣のもとで「一人ひとりを包摂する社会」特命チームが設置され，社会的包摂推進のための緊急提言が提出された。さらに2012年2月に閣議決定された「社会保障・税の一体改革大綱」においては，生活困窮者の社会的包摂を目指す「生活支援戦略」が位置づけられる等，ソーシャル・インクルージョンの考え方は，日本の福祉政策にも反映されるようになった[5]。

　目を転ずると，2000年に採択された国際ソーシャルワーカー連盟（IFSW）によるソーシャルワークの定義の中に，ソーシャルワーク専門職は，不利益を被っている人々と連帯して，貧困を軽減することに努め，傷つきやすく抑圧されている人々を解放してソーシャル・インクルージョンを促進すべきことが記されている。また，2005年に採択された日本社会福祉士会倫理綱領の「倫理基準3　社会に対する倫理責任」の最初の事項として「1.（ソーシャル・イン

クルージョン）社会福祉士は，人々をあらゆる差別，貧困，抑圧，排除，暴力，環境破壊などから守り，包含的な社会を目指すよう努める」と記されている。ソーシャル・インクルージョンは政策の目標となったばかりでなく，ソーシャルワーカーの実践の倫理としても定着している。

5. ソーシャル・インクルージョン，共生社会に向けて

前述の日本社会福祉士会倫理綱領の中で目指されている，人々があらゆる差別，貧困，抑圧，排除等から守られるような包含的な社会のビジョンは，実質的に共生社会の理念と同じものを志向していると考えてよいだろう。日本における共生社会に関する議論は，ここまでに見てきたようなソーシャル・インクルージョンを追求する世界的な動向からも影響を受けつつ，21世紀に入ると政策立案の場にも反映されるようになっていった。

2001年8月，参議院に「共生社会に関して長期的かつ総合的な調査」を行うことを目的として「共生社会に関する調査会」が設置され，児童虐待，障がい者の社会参加と自立，DV（ドメスティックバイオレンス）問題等が討議された。

2002年に策定された障害者基本計画では，次のような見解が表明された。「21世紀にわが国が目指すべき社会は，障害の有無にかかわらず，国民誰もが相互に人格と個性を尊重し支え合う共生社会とする必要がある。共生社会においては，障害者は，社会の対等な構成員として人権を尊重され，自己選択と自己決定の下に社会のあらゆる活動に参加，参画するとともに，社会の一員としてその責任を分担する。（中略）国民誰もが参加，参画できる共生社会は，行政だけでなく，企業，NPO等すべての社会構成員がその価値観を共有し，それぞれの役割と責任を自覚して主体的に取り組むことにより初めて実現できるものであり，国民一人一人の理解と協力を促進し，社会全体としてその具体化を着実に推進していくことが重要である」。

この議論においては，国民の役割と責任が強調され，共生社会の実現に向けた政府の公的責任は見えにくくなっている，という気になる点もある。ともあれ，共生社会は21世紀に日本が目指すべき目標として明確にされ，こうした議論を踏まえて，2011年の障害者基本法改正では，この章の冒頭でも見たと

おり，共生社会の実現が目的として明記されるに至る。

　まとめに入ろう。障がいを有する人もそうでない人も同じように暮らせる社会を目指すノーマライゼーションの思想を先駆として，20世紀の終盤から21世紀初頭にかけて，社会的排除に抗するソーシャル・インクルージョンの思想が社会福祉の理念として浸透してきた。そして今日の日本では，そうしたソーシャル・インクルージョンに関する議論からも影響を受けつつ，共生社会の実現を自分たち自身の目標とすることが受け入れられつつある。

　ただし，あらゆる社会的排除に抗するソーシャル・インクルージョンの理念も，すべての人がお互いを尊重し合う共生社会のビジョンも，そこに具体的に含まれる対象，事象は広範なものになる。障がい者，高齢者，生活困窮者，民族的マイノリティ，宗教的マイノリティ，言語的マイノリティ，いわゆるLGBTQ，その他どんな人たちも差別の対象となることがなく，どのような理由であろうと排除されない社会を実現する，ということは大変なチャレンジであり，日本もまだ，近年になって障がい者への差別を禁止する法律がつくられたり，啓発活動等が社会のあちらこちらで継続されていたり，といった状況で，ソーシャル・インクルージョンや共生社会の実現を目指す変革の実動は，まだ始まったばかりの段階である。

　また，ソーシャル・インクルージョンも共生社会も，どちらも目標として掲げられた理想的な社会のあり方である。どうやってこれらの理念を実現していくのか，というアプローチ，具体的な方法論やとるべき施策等は，今から考えられるべき大きな「宿題」として私たちの眼前に山積みになっている。ソーシャル・インクルージョンの実現にしても，さまざまなニーズをもつ子どもたちの学校教育への包摂，多様な人々の地域社会への包摂，雇用・労働市場への包摂等，いくつもの大きな課題について，具体的な方策を考え，実行していかなければならない。

　とはいえ，ソーシャル・インクルージョンの理念も，共生社会の理想も，基本的人権の大切さに気づいて以降の人類の思索と実践の結果として，近年共有されるようになった一つの到達点である。おそらく日本社会も，今後「ある種の人々は差別，排除されても仕方がない」といった思考が支配的になるところ

まで後退することはないだろう。ソーシャル・インクルージョンも共生社会の実現も，私たちが今から力を尽くして取り組むべき現在進行形のプロジェクトなのだ。

[注]

1　バンク-ミケルセンとそのノーマライゼーションの思想については，下記がわかりやすく，参考になる。
　花村春樹（訳・著）．（1998）．「ノーマリゼーションの父」N・E・バンク-ミケルセン―その生涯と思想―［増補版］．ミネルヴァ書房．

2　ニィリエやヴォルフェンスベルガーによるノーマライゼーション概念の展開に関しては，下記を参考にした。この2冊は，ノーマライゼーションに関してのみならず，この章の議論全般に関して参考になった。
　清水貞夫．（2010）．インクルーシブな社会を目指して―ノーマリゼーション・インクルージョン・障害者権利条約―．クリエイツかもがわ．
　小澤　温（編）．（2020）．よくわかる障害者福祉［第7版］．ミネルヴァ書房．

3　ベンクト・G・エリクソン他（編著）．（2007）．ソーシャル・インクルージョンへの挑戦―排斥のない社会を目指して―．明石書店の中のユネスコ「教育におけるインクルーシブな方法による排斥の克服」（二文字理明・田辺昌吾訳）より．

4　インテグレーション，インクルーシブ教育等に関しては，注2の2冊のほか，以下が参考になった。
　石部元雄・上田征三・高橋　実・柳本雄次（編）．（2020）．よくわかる障害児教育［第4版］．ミネルヴァ書房．

5　社会政策におけるソーシャル・インクルージョンに関しては，とくに下記を参考にした。
　宮本太郎．（2013）．社会的包摂の政治学．ミネルヴァ書房．

コラム

相模原障がい者施設殺傷事件（津久井やまゆり園事件）

　2016年7月26日，神奈川県相模原市の障がい者福祉施設「津久井やまゆり園」の元職員の男性（植松聖，事件当時26歳）が，同施設に刃物を所持して侵入し，入所者19人を刺殺，入所者・職員計26人に重軽傷を負わせた。

　加害者は，「障がい者は不幸をつくる」「重度・重複障がい者は生きている意味がない」「意思疎通のとれない人間は安楽死させるべきだ」等の身勝手な偏見によって殺害を正当化する考えをたびたび示した。また，ウェブ上の匿名掲示板やSNS等においては，そうした加害者の主張に共感・同調するような投稿が多く見られる，ということが起こった。

　殺人などの罪で逮捕・起訴された加害者は，2020年3月に死刑判決を言い渡され，自ら控訴を取り下げたことで死刑が確定した。

　死刑判決を受けて神奈川県知事の黒岩祐治は，記者会見において「植松に対する怒りが消えることはない。社会全体で植松の思想を否定すべきだ」と述べた。また，相模原市長・本村賢太郎も「事件を風化させず『共生社会』実現に取り組みたい」とコメントした。

　2016年10月，神奈川県と県議会は，このような事件が二度と繰り返されないよう，下記の内容を含む「ともに生きる社会かながわ憲章」を策定した。

　　一　私たちは，あたたかい心をもって，すべての人のいのちを大切にします
　　一　私たちは，誰もがその人らしく暮らすことができる地域社会を実現します
　　一　私たちは，障がい者の社会への参加を妨げるあらゆる壁，いかなる偏見や差別も排除します
　　一　私たちは，この憲章の実現に向けて，県民総ぐるみで取り組みます

コラム

共生社会実現への第一歩を踏み出す

無力を感じた大きな気づき

　田園調布学園大学人間福祉学部共生社会学科の江島ゼミでは，共生社会実現への第一歩を踏み出していく試みとして，「虐待支援活動に学ぶ！」と題したゼミ活動を2021年度から行っている。きっかけは，2019年1月に発覚した，いわゆる「野田小4女児虐待死事件」。事件に関する詳細は省くが，虐待死に至る経緯を含めてあまりにも凄惨な事件であったため，連日多くの報道がなされた。筆者もそこでの情報を積極的に収集・整理した結果，あらためて，自分を含めた「大人の無責任さ」を痛感し，涙したことを記憶している。

「虐待」支援団体へのアプローチ

　筆者自身は，児童福祉，社会福祉を専門にしていない。しかし，何かできることはないかと自問した結果，長年にわたってフィールドワークを行ってきた知見・経験を活かし，2019年4月から種々の虐待支援団体・施設へのフィールドワークに取り組んだ。インターネットや書籍を貪るように熟読し，興味深い支援活動を行っている団体・施設に連絡を取り，見学やインタビューをさせていただいた。直接訪問のみならず，電話やオンラインでの調査を含めると，計31の団体・施設にご協力をいただいたことは，本当に貴重な経験であった。上記の調査においては，児童虐待のみならず，高齢者虐待，学校内いじめ，会社内ハラスメント，デートDV（ドメスティック・バイオレンス），家庭内DVなど，現在進行中のさまざまな虐待を知り得たこと，それら課題に真摯に向き合い支援をなさっている方々の生の声を聞くことができたことは，大きな糧となった。その中でも，ある女性支援団体代表者の方が発した「被虐待状況に置かれている方々は，望んでそうなったわけでは決してない。しかし，その状況から抜け出すに

は強い意志が必要，かつ，そのためには本人だけの力では困難な場合が本当に多い。そういった方々を誰一人漏らすことない社会づくりがしていきたい。理想ですけどね」という発言が筆者に手がかりを与えてくれた。共生社会実現への第一歩を踏み出す行動として，実際に支援活動をなさっている方々から学ぶ，という方針をゼミ活動に採用したのであった。

ゼミ学生たちの取り組み

　冒頭で触れたゼミ活動において，学生たちには，社会調査（質的調査）の技術面を教授する一方で，「虐待」を個別的な課題としてのみ捉えるのではなく，社会的な課題としても捉える発想もトレーニングした。いわゆる構造的理解という視点である。なぜ「虐待」は起きるのか？　という問いだけではなく，同時に，なぜ「虐待」は起きざるを得ないのかという問いも抱くように学生たちに問いかけていった。自分だったらその課題にどう取り組むか（ミクロな視点）と，社会全体でどう取り組んでいくか（マクロな視点）の両方で，実践的な思考を持ち合わせてもらいたいと考えたからである。

　さて，2021年度は新型コロナウイルスの収束が見通せず，結果的には虐待支援施設の見学・訪問を実施することはできなかった。とはいえ，オンラインツール（Zoom）を用いたインタビューを2回行うことができた。一つは，夫婦間暴力問題に取り組む施設，もう一つは，キリスト教系の児童養護施設であった。手紙や電話・メール等で事前の打ち合わせをしていたとはいえ，両施設ともに我々の活動を非常に好意的に受け止めてくれ，充実したインタビューを行うことができた。翌2022年度は，前期に2施設（ともに児童養護施設），後期に2団体（不登校児就学支援団体，養育相談支援団体）へのインタビューを行うことができた。そして，今年度（2023年度）には，計6つの施設・団体にインタビュー調査を行った。いずれも学生が自主的に選択した施設・団体であり，何らかの課題を抱えている方々への支援を目的としている施設・団体である。そこでの学びが共生社会実現に

向けてどのように接続していくのかは，学生自身の問題意識や体験による
ところも大きいが，ゼミ教員である筆者の力量も多分に問われることだと
改めて襟を正して取り組んでいきたいと考えている。

（江島尚俊）

第2章
我が国における地域共生社会の展開

村井祐一

1. はじめに

　2016年6月に「ニッポン一億総活躍プラン」が閣議決定された。一億総活躍社会とは，若者も高齢者も，女性も男性も，障がいや難病のある人たちも，一度失敗を経験した人も，みんなが包摂され活躍できる社会であり，一人ひとりが，個性と多様性を尊重され，家庭で，地域で，職場で，それぞれの希望がかない，それぞれの能力を発揮でき，それぞれが生きがいを感じることができる社会と位置づけられた。

　このような社会を実現させるために，経済成長の根本的課題となる少子高齢化の問題に真正面から取り組み，経済のさらなる好循環を形成するため，夢をつむぐ子育て支援や安心につながる社会保障の基盤を強化し，それが経済を強くする，そのような「成長と分配の好循環」をもたらす希望を生み出す強い経済システムづくりに向けた改革を行うとしている。そして，この改革の安心につながる社会保障の実現のための基本コンセプトとして「地域共生社会の実現」が位置づけられた。

　このことからも地域共生社会とは，社会保障としての政策要素が強く，厚生労働省（以下，厚労省）が中心となって法令整備，各種事業化，人材養成，広報活動などを行っている。

　地域共生社会は，その言葉の美しさから，幅広く万能で差別や偏見のない理想郷としての概念と認識されかねないが，具体的な社会保障制度改革であり，法整備に基づく事業展開を伴った政策である。言葉のもつイメージと実際の中身とのギャップが存在し，誤解されやすい課題があるため，登場経緯，全体構造，推進・展開過程および具体的な制度・事業についてしっかり理解する必要がある。

2. 地域と共生と社会の関係

　地域共生社会は，「地域」と「共生」と「社会」の3つの言葉で構成されており，それぞれの意味を深く理解しておくことが必要だと考える。

　「地域」とは「区切られた土地，土地の区域」（『広辞苑』第4版）とされている。つまり，連続している土地を何らかの基準で区切ることで「地域」となる。社会福祉分野などにおいては，住民が生活する場や領域として用いられることが多く，具体的な区域については同じ地名や番地・号の集まり（○○町1丁目など），町会・自治会圏域，小学校圏域，中学校圏域，生活圏域などさまざまである。

　「共生」とは，「①ともに所を同じくして生活すること。②異種の生物が行動的・生理的な結びつきをもち，一所に生活している状態。共利共生（相互に利益がある）と，片利共生（一方しか利益をうけない）とに分けられる。寄生も共生の一形態とすることがある」（『広辞苑』第4版）とされている。

　今日，「共生」は，自然との共生，動植物との共生，異文化との共生など，多様な領域で用いられており，意味もそれぞれで異なる。もともとは1877年に植物学者・菌類学者であるアルバート・ベルンハルト・フランク（Albert Bernhard Frank）が菌類の相互関係をsymbiosis（共生）と記述したのが始まりで，1879年に植物学者・微生物学者のアントン・ド・バリー（Anton de Bary）によって正式にその意味が定義された。日本では1888年に植物学者・理学博士である三好学の論文中で初めて「共生」という言葉が用いられたとされている。このことからも「共生」とは，生物学から誕生した言葉と位置づけられる。

　深津（2004）は，生物学における共生を表1のように6通りに整理している。この表は2つの生物が一緒にいて相互作用しているとき，すなわち共生しているときに，それぞれが得をするのか，損をするのか，どちらでもないのかという3通りずつに分けて，すべての場合を整理したものである。なお，この表の関係すべてが共生である。

　この中で「競争」については注意が必要であり，表1において「競争」は互

表1　共生（Symbiosis）の関係

生物A

	得をする +	損をする −	どちらでもない 0
生物B　得をする +	相利 mutualism		
生物B　損をする −	寄生 parasitism 捕食 predation	競争 competition	
生物B　どちらでもない 0	片利（偏利） commensalism	抑制（偏害） suppression	中立 neutralism

出典：深津（2004）p.12をもとに作成

いに損をする関係となっている。しかしながら，競争は進化の原動力として位置づけられている面もあり，その場合は「闘争」と「競争」を区別して用いることが多い。闘争も競争も相互が相手を否定する点で同一ではあるが，競争は目標達成を重視する中で間接的に相手を否定するが，戦争，私闘，論争などに代表される闘争は直接的に相手を否定する点で異なる。

【生物学における共生】
1. 双方が得をしているようなら「相利」関係
2. 片方が得をしているがもう一方に影響がないなら「片利」関係
3. 片方が得をして他方が損をするのは「寄生」もしくは「捕食」関係
4. 両方とも損をするようなら「闘争」もしくは「競争」関係
5. 片方が損をして，もう一方に影響がないようなら「抑制」関係
6. 互いに影響を与え合っていない場合は「中立」関係

社会科学における共生はさまざまな捉え方があるが，民族，人種，男女などといった異なる属性の関係性に用いられ，何らかの異質性をもつ存在が多様性を認めて連帯する状態を指すことが多い。

「社会」とは，「人間が集まって共同生活を営む，その集団。諸集団の総和から成る包括的複合体をもいう。自然的に発生したものと，利害・目的などに基

づいて人為的に作られたものとがある。家族・村落・ギルド・教会・会社・政党・階級・国家などが主要な形態」(『広辞苑』第4版)とされている。また，地域性による結びつきや共通の関心などによる結びつきであるコミュニティも社会の一形態と考えられる[1]。

「地域」「共生」「社会」のそれぞれの意味を確認したが，これらの言葉を組み合わせると新しい意味が生じる。まず，「共生」と「社会」の組み合わせである「共生社会」は，第1章の「共生社会(ソーシャル・インクルージョン)とは」で詳しく解説されているが，我が国においては，「障がいがある，ないにかかわらず，女の人も男の人も，お年寄りも若い人も，すべての人がお互いの人権(私たちが幸福に暮らしていくための権利)や尊厳を大切にし，支え合い，誰もが生き生きとした人生を送ることができる社会」とされ，インクルーシブ社会とも呼ばれている。

　文部科学省は国連が定めた「障害者の権利に関する条約」を受け，障がい者等が積極的に参加・貢献でき，誰もが相互に人格と個性を尊重し支え合い，人々の多様なあり方を相互に認め合える全員参加型の社会であると定義している。つまり，障がい者の社会参加を重視し，障がい者とその他の者との「双利」関係がある社会づくりを目指す内容である。

　次に「共生社会」と「地域」を組み合わせた「地域共生社会」は，2016年6月の「ニッポン一億総活躍プラン」の閣議決定を受け，制度・分野ごとの『縦割り』や「支え手」「受け手」という関係を超えて，地域住民や地域の多様な主体が参画し，人と人，人と資源が世代や分野を超えてつながることで，住民一人ひとりの暮らしと生きがいを創っていく社会とされ，厚労省が中心となって具体化に向けた改革を進めている。とくに，高齢化による人口減少によって，福祉ニーズが多様化・複雑化している地域課題をさまざまな社会資源が連携・協働して解決することが重視され，福祉課題を総合的に解決するための「連携・協働」による「双利」関係の地域社会づくりを目指す内容である。

　共生社会および地域共生社会は双利の共生を目指すものであるが，現実の社会においては生物学における6つすべての共生関係の形態をとり得る。このため，双利関係とはいかなくとも片利や中立関係であれば大きな問題にならない

が，寄生・捕食，競争，抑制関係は，少なくとも片方が損をする場合がある。具体的には，いじめや虐待，差別や偏見，低賃金での労働環境，家族のみでの介護などである。これらは単純な利害得失として位置づけるのは難しい面もあるが，少なくとも損をする状態が継続したり固定化されると，特定の対象に負担が集中したり，苦しみ続ける状態が発生することになる。また，中立が長く続き，互いに影響を及ぼさない関係は，社会を形成する意義を失ってしまうことになりかねない[2]。

このことから寄生・捕食，闘争（競争），抑制にある関係を予防または早期発見・早期対応し，中立関係からよりよい関係へと関係改善を行う機能が地域共生社会には必要であり，社会福祉がその中心的役割を担うと考えられる。

3. 我が国における地域共生社会への流れ

地域共生社会の実現に向けた取り組みは，社会保障制度改革であり，法整備に基づく事業展開を伴った具体的な政策であることはすでに述べたとおりである。ここでは共生社会の概念を経て，地域共生社会が政策として成立するまでの経緯を概観する。

1981年の国際障害者年を契機にして日本国内に広がったノーマライゼーションは，「障がいの有無にかかわらず，ノーマルな生活を営む（普通に生活する）ことは権利である」という思想であり，我が国における共生社会の基盤的な思想と考えられる。同時期に「新たな貧困」などと呼ばれる，成長社会における政治・経済・生活体系への不適合を起こす人々が目立つようになり，この問題に対応するために社会的包摂（ソーシャル・インクルージョン）という社会参加の促進と保障を目指すための概念がEU（ヨーロッパ連合）を中心に普及し，2000年12月には厚労省の「社会的な援護を要する人々に対する社会福祉のあり方に関する検討会報告書」において社会的弱者（社会的排除）に対処する政策課題の一つとされた。

2003年に厚労省の高齢者介護研究会が，尊厳を支えるケアの確立のための「2015年の高齢者介護」という報告書を取りまとめた。この報告書では2000年

に導入された介護保険制度によるサービス利用が高齢者の増加スピードを大幅に上回る利用率となり，これが続けば介護保険財政はきわめて厳しい状況に直面すると予想している。このため，国民一人ひとりが自助を行い，地域における共助の力を可能な限り活用することで，介護保険制度の負担を合理的に軽減させるなど，広い見地からフォーマル・インフォーマル，自助・共助・公助のあらゆるシステムをこれまで以上に適切に組み合わせる必要があるとした。これらの取り組みによって「高齢者が尊厳をもって暮らすこと」の実現を国民的課題とし，そのためには地域包括ケアシステムの確立が必要であると示した。

　この地域包括ケアとは，医療や介護が必要な状態になっても可能な限り住み慣れた地域でその有する能力に応じ自立した生活を続けることができるよう，医療・介護・予防・住まい・生活支援が包括的に確保される体制づくりである。そして，この地域包括ケアシステムはのちに地域共生社会を実現させるためのシステム（仕組み）として位置づけられる。

　2006年の介護保険法改正において，地域包括ケアを推進するための地域支援事業が創設され，地域包括支援センターが全国に設置された。

　2013年8月に内閣府の「社会保障制度改革国民会議」は「21世紀（2025年）日本モデル」において，すべての世代を対象とした相互の支え合いの仕組み，地域づくりとしての医療・介護・福祉・子育てという「21世紀型の新しいコミュニティの再生」を打ち出し，誰もが安心し，かつ希望をもって生きることができる「成熟社会の構築」に向けてチャレンジすべきであると提唱した。

　そして，2015年9月に厚労省の「新たな福祉サービスのシステム等のあり方検討プロジェクトチーム・幹事会」によって図1に示すような「新たな時代に対応した福祉の提供ビジョン」が示された。この「新たな時代に対応した福祉の提供ビジョン」では，複合的な課題を抱える要援護者に対する包括的な相談支援体制として「全世代・全対象型地域包括支援体制」の構築と，それを支える「全世代対応型地域包括支援センター」などのワンストップ型の窓口の整備が提案された。これは，これまで高齢者を対象にしていた地域包括ケアの考え方を「深化・推進」させ，児童・高齢・障がいなど別々の窓口となっていた相談支援体制を一元化させ，利用者の利便性を図ると同時に，複雑化・困難化した課題への総合的な支援体制の構築を目指すものである。

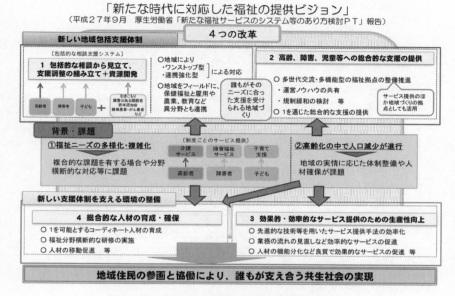

図1　新たな時代に対応した福祉の提供ビジョン

出典：厚生労働省「新たな福祉サービスのシステム等のあり方検討
プロジェクトチーム・幹事会」2015（平成27）年9月

　具体的には，以下に示すような4つの改革が示され，この改革を地域住民の
参画と協働によって行うことで，誰もが支え合う共生社会が実現されるとして
いる。

【4つの改革】
①包括的な相談から見立て，支援調整の組み立てと資源開発
②高齢，障がい，児童等への総合的な支援の提供
③効果的・効率的なサービス提供のための生産性向上
④総合的な人材の育成・確保

　これを受け，2016年6月に閣議決定された「ニッポン一億総活躍プラン」に
は「地域共生社会の実現」が盛り込まれた。

図2　ニッポン一億総活躍プランにおける地域共生社会の仕組み

【地域共生社会の実現】

　子供・高齢者・障害者など全ての人々が地域，暮らし，生きがいを共に創り，高め合うことができる「地域共生社会」を実現する。このため，支え手側と受け手側に分かれるのではなく，地域のあらゆる住民が役割を持ち，支え合いながら，自分らしく活躍できる地域コミュニティを育成し，福祉などの地域の公的サービスと協働して助け合いながら暮らすことのできる仕組みを構築する。また，寄附文化を醸成し，NPOとの連携や民間資金の活用を図る。(出典：ニッポン一億総活躍プラン)

　地域共生社会は図2に示すように「地域づくり」「暮らしづくり」「生きがいづくり」を主たる目的とし，その実現方法として「あらゆる住民が役割を持つ」「支え合う」「自分らしく活躍する」こととしている。そして，そのためには「公的サービスとの協働」「寄附文化の醸成」「NPOとの連携」，そして「民間資金の活用」などの仕組みを構築する必要があるとしている。

　2017年2月に「地域包括ケアシステムの強化のための介護保険法等の一部を改正する法律」が国会に提出され，2018年8月1日から施行された。この改正

は，高齢者の自立支援と要介護状態の重度化防止，地域共生社会の実現を図るとともに，制度の持続可能性を確保することに配慮し，サービスを必要とする人に必要なサービスが提供されることを目的とした介護保険法の改正であったが，医療と介護の連携や地域共生社会の実現などの内容も盛り込まれているため，介護保険法のみならず，医療法，社会福祉法，障害者総合支援法，児童福祉法など多岐にわたる法改正となった。この改正は「介護保険制度の持続可能性の確保」と合わせて「地域包括ケアシステムの深化・推進」と位置づけられ，以下に示す3つの推進目標が掲げられた。

【地域包括ケアシステムの深化・推進のための3つの目標】
①自立支援・重度化防止に向けた保険者機能の強化等の取り組みの推進（介護保険法）
　・全市町村が保険者機能を発揮し，自立支援・重度化防止に向けて取り組む仕組みの制度化
②医療・介護の連携の推進等（介護保険法，医療法）
　・「日常的な医学管理」や「看取り・ターミナル」等の機能と，「生活施設」としての機能とを兼ね備えた，新たな介護保険施設を創設
　・医療・介護の連携等に関し，都道府県による市町村に対する必要な情報の提供その他の支援の規定を整備
③地域共生社会の実現に向けた取組の推進等（社会福祉法，介護保険法，障害者総合支援法，児童福祉法）
　・市町村による地域住民と行政等との協働による包括的支援体制づくり，福祉分野の共通事項を記載した地域福祉計画の策定の努力義務化
　・高齢者と障害児者が同一事業所でサービスを受けやすくするため，介護保険と障害福祉制度に新たに「共生型サービス」を位置づける

　2020年6月には，「地域共生社会の実現のための社会福祉法等の一部を改正する法律」が成立し，2021年4月から地域共生社会の実現を目指すための体制整備事業として「重層的支援体制整備事業」がスタートした。
　この重層的支援体制整備事業は，これまでの福祉制度や政策と，人々が生活

で直面する困難性や生きづらさの多様性・複雑性から生じるニーズとの間に
ギャップが生じてきたことを背景としている。具体的には，従来の社会保障制
度は，人々が人生において遭遇する典型的な課題の解決を目指すという，基本
的なアプローチを発展させてきた。このため，福祉制度や政策は，子ども・障
がい者・高齢者といった対象者の属性や要介護・虐待・生活困窮などリスクご
とに分類された制度を設け，現金・現物給付の提供や専門的支援体制の構築を
進めてきた。

　しかしながら，社会的孤立をはじめとして，生きるうえでの困難さや生きづ
らさがあっても既存の制度の対象となりにくい，8050問題やダブルケア，ヤ
ングケアラーなど，個人や世帯が複合化した生活上の課題を抱えているケース
が目立ち始めたため，課題ごとの対応に加えて，課題全体を包括的に捉えて支
援を行うための重層的な支援体制が必要となった。

　この事業は，市町村が主体となって実施し，どのような相談も断らずに受け
止め，つながり続ける支援体制を構築することをコンセプトに，「属性を問わ
ない相談支援」「参加支援」「地域づくりに向けた支援」の3つの支援を一体的
に実施することを必須とした事業である。この3つの事業を支えるための事業
として「アウトリーチ等を通じた継続的支援事業」と「多機関協働事業」が規
定されている。

【重層的支援体制整備事業の概要】
　1.　包括的相談支援事業
　　　・属性や世代を問わず包括的に相談を受け止める
　　　・支援機関のネットワークで対応する
　　　・複雑化・複合化した課題については適切に多機関協働事業につなぐ
　2.　参加支援事業
　　　・社会とのつながりをつくるための支援を行う
　　　・利用者のニーズを踏まえた丁寧なマッチングやメニューをつくる
　　　・本人への定着支援と受け入れ先の支援を行う
　3.　地域づくり事業
　　　・支援が届いていない人に支援を届ける

・会議や関係機関とのネットワークの中から潜在的な相談者を見つける
・本人との信頼関係の構築に向けた支援に力点を置く

　各地域において地域共生社会の実現を目指した取り組みを進めるためには，厚労省による福祉分野の政策だけでなく，地方創生，まちづくり，教育など，地域の持続性を高める施策との連携が不可欠である。そのため，食育や農福連携などは農林水産省，ふるさとワーキングホリデーや地域おこし協力隊などは総務省，子どもの貧困対策と就学援助制度などは文部科学省，地域の関係者が協力した見守り活動は消費者庁など，各省庁と連携した取り組みが進められている[3]。

4．インクルーシブ社会とは

　地域共生社会につながるもう一つの流れは，2006年12月に国連総会において採択された，あらゆる障がい者の権利と尊厳を保障する「障害者の権利に関する条約」である。この条約は「私たち抜きに私たちのことを決めないで(Nothing About Us, Without Us)」というスローガンのもと，多くの障がい当事者が条約制定過程に直接関わりながら成立させた点が大きな特徴となっている。
　この条約の基本理念の一つが「インクルーシブ社会（インクルージョン）」（第3条c項）であり，日本は2007年に同条約に署名し，2014年1月に批准している。
　同条約の第24条では「インクルーシブ教育システム」に関する事項が述べられており，人間の多様性の尊重等の強化，障がい者が精神的および身体的な能力等を可能な最大限度まで発達させ，自由な社会に効果的に参加することを可能とするとの目的のもと，障がいのある者と障がいのない者がともに学ぶ仕組みであり，障がいのある者が「general education system（教育制度一般）」から排除されないこと，自己の生活する地域において初等中等教育の機会が与えられること，個人に必要な「合理的配慮」が提供されること等が必要であるとされた。
　2012年7月の文部科学省の中央教育審議会初等中等教育分科会「共生社会の形成に向けたインクルーシブ教育システム構築のための特別支援教育の推進（報告）」において，共生社会の定義が行われている。

【共生社会とは】

　共生社会とは，これまで必ずしも十分に社会参加できるような環境になかった障害者等が，積極的に参加・貢献していくことができる社会である。それは，誰もが相互に人格と個性を尊重し支え合い，人々の多様な在り方を相互に認め合える全員参加型の社会である。

　この時点では，障がい者に焦点を当てつつ，個性を尊重し，人々の多様性を認め合う，参加型社会という概念定義が行われている。

5. 地域共生社会を目指す理由

　かつて我が国では，地域，家庭，職場といった人々の生活の場面において支え合いの機能が存在していた。社会保障制度は，戦後の国民の生命を守るための保護中心の制度から，一人ひとりが尊厳や生きがいをもって，住み慣れた地域で安心して暮らし続けるための社会福祉制度へと変化した。この時代の変化とともに，共働きなどの家庭が増え，地域や家庭が果たしてきた支え合いの役割の一部を社会サービスが代替する必要性が高まった。これに伴い，子ども（児童），高齢者，障がい者など，それぞれの分野に関する専門的なサービスの充実が図られ，人々の暮らしを支えてきた。

　1970年代後半から20代女性の未婚率が急激に上昇し，1980年代に入ってからは30代以上の女性の未婚率も上昇し，1997年には子どもの数が高齢者人口（65歳以上人口）よりも少ない社会，つまり少子社会となった。少子化と合わせて，高齢化や人口減少が進み，地域におけるつながりや支え合いの基盤が弱まり続けている。また，人口減少は地域社会の担い手の減少でもあるため，空き家，空き店舗，耕作放棄地などが増加し，とくに地方においては地域社会の継続が危ぶまれるなどの問題に発展している。

　一方，社会の進展に伴い，さまざまな分野の課題が絡み合って生活課題が複雑化し，複合的な課題をもつ個人や家庭が増加し，単独のサービスでの解決が困難となってきた。これまで我が国の法制度は子ども（児童），高齢者，障がい者など，対象者別に『縦割り』で整備が図られてきたため複数分野にまたが

る複合的な課題への対応が困難となっている。縦割りの限界を突破するためには，複数領域を横断的につないで支援体制を組む『丸ごと』サービス体制づくりが必要である。

　以上のような理由から，社会構造の変化や人々の暮らしの変化を踏まえ，制度・分野ごとの『縦割り』や「支え手」「受け手」という関係を超えて，多様な人々が世代や分野を超えつながることを目指し，かつて存在した支え合いを21世紀型に磨き上げ，再構築することで，日常生活における多様なニーズに対応可能な「地域共生社会づくり」を目指す必要が生じた。

6. 支え手側と受け手側に分かれない理由

　高齢者や障がい者への支援は一見すると片利や寄生関係として捉えることができる。しかしながら，誰かの役に立つという経験は，自らの有用性や存在意義を強く実感し，自己実現につながる機会となる。これは支援者側にも一定の利益が発生する双利関係と捉えることができる。また，人の生活ステージや状況は変動するものであり，ある時期は支える側であっても，別の時期には支えられる側となることもある。

　たとえば，地域で「見守られる側」の立場だったとしても，それは見守る側の人々を「仲間として信頼」し，人と人とのつながりを大切にする地域住民としての役割を果たしていることになる。また，見守りを受け入れてくれたからこそ，近隣住民は過剰に心配する必要がなくなり，見守り支援者側も見守り対象者が喜んでくれている，つまり「人の役に立っている」という達成感や有用感を得ることができる双利の関係となる。

　一人暮らしの認知症の人が自宅のリビングを開放してふれあいサロンの会場提供を行う場合なども，見守られるという受け手側の立場と，人々が集まり交流する場を提供する支え手側の立場が同時に発生している。

　また，長年にわたり近隣の人々を熱心にサポートしてきたボランティアが，ある日，交通事故に遭って，しばらくの間，身動きがとりにくい状況での在宅生活を余儀なくされた際に，これまで支えてきた人々が次々とボランティアの自宅に訪れ，さまざまなお世話をしてくれたなどの実話もある。普段は受け手

であった人々が，ここぞとばかりに張り切ってボランティアを支える姿は，まさに双利関係であり地域共生社会の理想像である。

　一方，地域のあらゆる住民が何らかの役割をもち，支え合いながら自分らしく活躍することとは「一方的にサービスを受けるだけでなく，あなたも何らかの役割をもって誰かに貢献しなさい」と捉えることもできてしまう。このことも，地域共生社会には一人ひとりが自分の得意な分野や能力で無理なく参画できる調整機能や人材育成機能が必要であることを示唆している。

　また，受け手側とされやすい高齢者や障がいをもつ人々は，それぞれの視点，経験，知識をもっている。これを地域の人々に伝えることで，より多くの人々が安心して暮らすことができる地域共生社会づくりに必要な視点が醸成される。

　同じ苦しみや生きづらさを抱える当事者や経験者が互いを支え合うピア・サポート活動なども，支え手側と受け手側に分かれない活動である。

　すべての人々がもつ多様な知識，経験，能力を社会資源として認識し，それらを最大限に活かすことが地域共生社会づくりの柱となる。このことから，支える側と受ける側などのように固定化された一元的な区分けを超えて，相互の協力と支援の関係を築いていくことが重要なため，支え手側と受け手側に分かれないのである[4]。

7. 地域共生社会の実現に向けて

　厚労省は2017年2月に図3に示すような地域共生社会の実現に向けた改革工程を示した。

　この改革は次の4つの柱で構成され，これらの改革が相互に重なり合って『我が事』・『丸ごと』の取り組みが持続・普及するとされている。

【地域共生社会の実現に向けた改革の柱】
1. 地域課題の解決力の強化
2. 地域丸ごとのつながりの強化
3. 地域を基盤とする包括的支援の強化

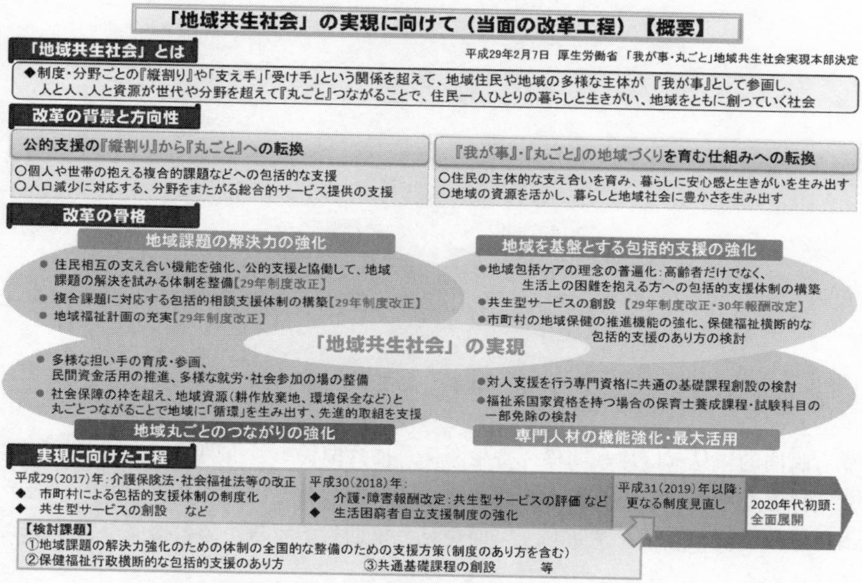

図3 「地域共生社会」の実現に向けて（当面の改革工程）

出典：厚生労働省「我が事・丸ごと」地域共生社会実現本部決定（平成29年2月7日）

4．専門人材の機能強化・最大活用

　我が国の地域共生社会の実現に向けた経緯を見ると，戦後間もないころの国民の生命および身体の安全確保や経済発展中心の社会から，多様性を認め合い，生きがいとつながりに価値を置く成熟した社会への転換が見えてくる。一方，増大する社会保障費の削減を行う手段として「我が事」を位置づけ，地域住民に課題を押しつけているようにも見て取れる。「丸ごと」についても，これまで進めてきた専門分業体制に横串を刺して総合性を求めているが，横串を刺し，調整を図る機能や責任体制が詳細に示されずに理想が語られる傾向がある。

　私たちは「共生」という言葉がもつ理想的，ユートピア的なイメージに惑わされる傾向があるが，先にも述べたように生物学的に見れば「共生」は必ずしも双利的な関係とはならない場合もある。地域社会を構成する人々や組織の関

具体的かつ詳細な
目的・目標

連携

関係者間の
相互理解や
信頼関係
づくり

迅速かつ適切
な情報共有
（コミュニケーション）
体制づくり

図4　「連携」のモデル図

係も瞬間的に見れば片利関係，寄生関係，捕食関係，競争関係，抑制関係，中立関係となっている場合があるため，地域共生社会を実現させるためのシステムには，関係の悪化を予防し，早期発見・早期対応するための機能が実装される必要がある。

　また，地域共生社会の実現に向けてさまざまな場面において使われている「連携」という言葉は魔法の言葉であり，これまでにも「医療と福祉の連携」「福祉と保健の連携」「行政と住民の連携」などのように用いられ，普段の生活においても「お互いに連携していこう」などと，連携の中身が詳細に示されないまま使われる傾向がある。そして，「連携」という言葉を使った瞬間に実現可能で，うまくいくものとイメージされやすい。しかしながら連携は，図4に示すように具体的かつ詳細な目的・目標の設定，関係者間の相互理解と信頼関係づくり，迅速かつ適切な情報共有（コミュニケーション）体制づくりなど，複合した要素が絡み合っていて，実現させるにはかなりの手間や技術を必要とする。

　「地域共生社会」という言葉も同様であり，双利を実現させる具体的かつ詳細な方策が示されないまま，スローガンとしての「地域共生社会の実現」を目指すだけでは，地域社会の中で実際に発生する複合的な課題に対応することはできない。

　私たちは地域共生社会や共生社会がどのような社会であるべきか，どのよう

な機能や仕組みをもつ社会であるべきなのか，そのためには一人ひとりがどうあるべきか，地域に必要な社会資源や連携システムは何かなどを明確化させていかなければならない。政策としての地域共生社会づくりは始まったばかりであり，今後，私たちが主体的に実践・推進する余地が多分に存在する。地域の状況に即した持続性のある共生型の地域社会づくりを進めていくためにも『我が事』・『丸ごと』の取り組みを具体化させ，一億総活躍とはいかないまでも，地域住民の多くが自らの住む地域づくりに主体的に関わる，言葉どおりの地域における共生社会の実現に向けて協働・連携を進める必要がある。

　また，現在の障がい者と高齢者を前面に押し出した地域共生社会づくりが最終目標ではなく，男女共生，多世代共生，多文化共生，自然環境との共生，動植物との共生など，総合的な共生社会づくりに向けたビジョンをもつことが求められる。

[注]
1　生物学の共生概念を人間社会に導入した視点については下記の文献が参考になる。
　ロバート・E・パーク著，町村敬志・好井裕明（編訳）．（1986）．実験室としての都市―パーク社会学論文選―．御茶の水書房．
2　共生のより詳細な仕組みについては下記の文献が参考になる。
　三重野卓．（2018）．共生システムの論理と分析視角―「生活の質」およびガバナンスとの関連で―．応用社会学研究，60，135-146．
3　地域共生社会政策の登場経緯については下記の文献が参考になる。
　後藤康文．（2019）．「地域共生社会」と地域福祉―その1「地域共生社会」政策の登場経緯―．岐阜協立大学論集，53(2)，49-97．
　後藤康文．（2020）．「地域共生社会」と地域福祉―その2　地域福祉における「地域共生社会」―．岐阜協立大学論集，53(3)，19-39．
4　地域共生社会へのパラダイムシフトについては下記の文献が参考になる。
　厚生労働省．（2016）．人口高齢化を乗り越える視点．平成28年度版 厚生労働白書（pp.105-227）．

[文献]
厚生労働省 新たな福祉サービスのシステム等のあり方検討プロジェクトチーム．（2015）．誰

もが支え合う地域の構築に向けた福祉サービスの実現—新たな時代に対応した福祉の提供ビジョン—.

厚生労働省「我が事・丸ごと」地域共生社会実現本部. (2017). 「地域共生社会」の実現に向けて（当面の改革工程）.

厚生労働省 地域共生社会推進検討会. (2019). 地域共生社会に向けた包括的支援と多様な参加・協働の推進に関する検討会　最終とりまとめ.

深津武馬. (2004). 共に生きるということの本質. 本（講談社）, *29*(12), 42-44.

文部科学省 初等中等教育分科会. (2012). 共生社会の形成に向けたインクルーシブ教育システム構築のための特別支援教育の推進（報告）.

コラム

地域共生社会と災害：「日常」と「非日常」の連続性を考える

　地域共生社会の実現に向けた取り組みは，基本的には人々の豊かな日常生活を継続させることを狙って進められるものであるが，大規模災害などが生じた際における非日常においても，そこで培われた人々のつながりや支え合いが生きてくることになる。

　1995年1月に発生した阪神・淡路大震災では，地震によって倒壊した建物から救出され生き延びることができた人のうち，消防，警察および自衛隊によって救出された者が約2割であったのに対して，残りの約8割は家族や近所の住民等によって救出されていたという調査結果がある。災害時に行政機能が麻痺する中で住民による自助・互助が力を発揮した例である。

　また，国内外の実証的な研究から，日常的に地域活動を行うなど住民同士のつながりが強い地域においては，災害時に「適切に避難できる」「救助される可能性が高くなる」「避難所などでの支援を他者から受けやすくなる」「問題状況への集団での対応や意思決定が円滑になる」「発災から復興までの速度が速い」という結果が明らかになっている。

　災害に強い地域社会を実現するためには，2つのアプローチが有効である。一つは，防災訓練や防災教育など，防災を目的とした活動を人々のさまざまな生活場面に取り入れていくことである。もう一つは，とくに防災を目的としないが結果的に防災につながる活動，すなわち日常的に求められる人々のつながりや支え合いを強める活動を進めていくことである。

　大切なことは，「日常」と「非日常」がまったくの別世界ではなく，連続したものだと考えることである。地震や風水害などの自然災害の多い日本においてとくに，地域共生社会の実現は，日常と非日常をつなぐ欠かすことのできない取り組みである。

[文献]

Aldrich, D. P.，石田祐・藤澤由和（訳）．（2014）．ソーシャル・キャピタルと災害．
　Estrela, *246*, 2-7.

（小平隆雄）

第3章
子どもの相対的貧困，シングル・マザー就労支援

高柳瑞穂

1.　問題の所在と研究の目的

　日本のひとり親世帯[1]の相対的貧困率は深刻な値を示している。なかでも，「大人一人と子どもがいる現役世帯」の48.1%，約2世帯に1世帯が相対的貧困状態にあると報告されている（厚生労働省, 2019）。

　とりわけ，母子世帯の経済状況はきわめて深刻である。母子世帯の平均年間収入は348万円であり，父子世帯の573万円，児童のいる世帯全体の707.8万円に比べて著しく低い。父子世帯への子育て支援・経済的支援ももちろん重要であるが，母子世帯の世帯人員1人当たり平均収入金額が105万円，父子世帯が155万円という値を鑑みても（厚生労働省, 2017），母子世帯の貧困問題の背景に根深い男女格差や，子育て中の母親に対する差別[2]といった問題が複合的に存在していることがうかがえる。

　日本政府は2012年に「母子家庭の母及び父子家庭の父の就業の支援に関する特別措置法」を制定し，翌年3月1日以降，ひとり親世帯の母または父を雇用する企業に対して助成金を支給している。同法の目的は，「母子家庭の母及び父子家庭の父の就業の支援に関する特別の措置を講じ，もって母子家庭及び父子家庭の福祉を図ること」[3]とされている。

　しかし，先にも述べたように，そもそも母子世帯と父子世帯の平均年間就労所得には著しい開きがある。ひとり親世帯全体に共通するニーズのみに焦点化するのではなく，母子世帯に特化した，よりアファーマティブな支援（積極的格差是正のための支援）が必要なのではないだろうか。

　以上のような問題意識のもと，筆者は本章執筆にとりかかる前に先行研究や既存の事例にあたった。ワーキング・マザーやシングル・マザーへの支援実践は数多く報告されていたが，雇用形態の工夫や金銭的支援等，対症療法的なも

のが大半で，母子世帯固有のスティグマや貧困問題に対し構造的にアプローチしようとするような支援実践は，管見の限りほとんど見当たらなかった。

そこで本章では，前半で子どもならびにひとり親世帯の相対的貧困率のデータを概観し，後半ではアファーマティブ・アクションの概念について簡単に解説したのち，事例として，株式会社パソナグループによるシングル・マザーの雇用支援プロジェクトを紹介する[4]。

2. 子どもの相対的貧困率

日本は「豊かな国」だというイメージをもっている人も多いだろう。確かに，アフリカの紛争地帯などのいわゆる絶対的貧困（生命維持に必要な衣食住をまかなうための収入に達していない状態）の諸国と比べれば豊かかもしれない。清潔な水が飲めずに感染症で亡くなる子どもや栄養失調で衰弱死・餓死する子どもなどは，虐待などの特殊ケースを除き日本にはほぼいないだろう。

相対的貧困は，これと異なる指標である。その地域の世帯の等価可処分所得（誤解を恐れずにざっくりと表現すれば，その世帯の「手取り収入」に，世帯人員数による調整をかけたもの）の中央値の半分以下の所得で生活している世帯数が，全世帯数のうちどのくらいの割合を占めているかを示している。つまり，日本国内だけを想定した場合に，私たちが「日本ではこういう生活がごく普通である（貧しくもなく贅沢でもなく）」というふうに漠然とイメージする生活水準から著しくかけ離れて，苦しい生活を送っている家族がどのくらいいるかということを測る指標といってもよい。

バブルの好景気であった1980年代からすでに，日本の相対的貧困率は上昇傾向であった。1985年に10.9%，1988年には12.9%，1991年12.8%，1994年12.1%，1997年13.4%と，多少の増減はあるものの全体を通して上昇傾向にあり，2000年以降はほぼ14%前後で推移している。つまり，日本の18歳未満の子どもの約7人に1人が，我々のイメージする「ごく普通」よりもはるかに苦しい生活を送っていることになる。2000年代には，ユニセフ（UNICEF：国連児童基金）やOECD（世界経済協力開発機構）による国際的調査の結果が相次いで公表され，調査対象となった諸国の中で日本の子どもの相対的貧困率がきわ

めて高いことが報道された。ただちに生命維持が脅かされる絶対的貧困とは異なり，相対的貧困は外部からは発見しづらく，子どもやその世帯の抱える問題が顕在化しにくい。支援の手が行き届かない，あるいは支援が遅れる，といったことが生じやすい。

3. ひとり親世帯の相対的貧困率

　日本の子どもの相対的貧困率の高さの原因は，もちろん一つではないものの，最も大きな原因としてひとり親世帯の相対的貧困率の高さが指摘されている。

　以上のことから，①ひとり親世帯とそうでない世帯の平均所得がまったく違うこと，②「ひとり親世帯」の大半は母子世帯で構成されていること，③母子世帯の平均所得は父子世帯と比べると著しく低いこと，の3点が指摘できる（ひとり親世帯ではなくとも相対的貧困状態の世帯はあり，彼らへの支援も非常に重要であることはいうまでもないが，本章では取り扱わない）。

　冒頭にも述べたように，日本にはひとり親を支援するための制度やサービスが存在しているが，母子世帯も父子世帯も同じように「ひとり親」として支援の対象となっている。もちろん，制度によっては所得制限があり，「結果的に」母子世帯の利用が中心となっている場合もあるが，最初から母子世帯に特化した手厚い支援も必要なのではないか。たとえば，幼い子どものいる母子世帯は賃貸物件への入居を拒否されることが少なくない。住まいや雇用が確保できなければ，夫と離婚したくてもできないといったことも起こり得る。そうした特有の問題は枚挙にいとまがない。本章の後半で紹介する事例は，最初から母子世帯に特化して始まった雇用支援プロジェクトであり，母子世帯の抱える特有の問題を解消し，仕事，育児，生活がトータルで成り立つようサポートするための試みである。

4. アファーマティブ・アクションについて

　事例の紹介に入る前に，アファーマティブ・アクション（以下，AA）の概念について簡単に解説しておく。この概念を理解していなければ，特定の対象に

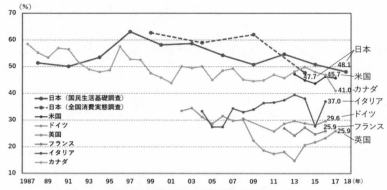

図1　ひとり親世帯の相対的貧困率の推移（G7）

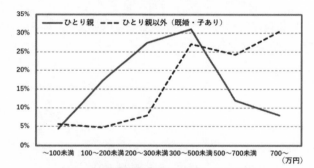

図2　年間世帯総収入の分布（2019年）

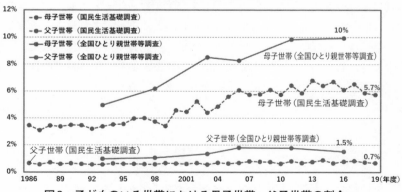

図3　子どものいる世帯における母子世帯・父子世帯の割合

図1〜3出典：内閣府（2021），pp.110-112

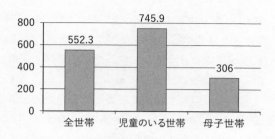

図4　1世帯当たり平均所得金額

出典：厚生労働省（2019）より筆者作成

のみ手厚い支援を行うことに対して「不公平ではないか」「逆差別ではないか」という疑問が生じかねないからだ。

　AAは1961年にアメリカのジョン・F・ケネディ大統領が大統領令で初めて使用したといわれ，日本語では「積極的是正措置」などと表される[5]。アメリカでは，特定の人種や民族，宗教に属する人々が雇用されなかったり，施設やサービスの利用を拒否されたりといったことが社会問題となっていた。そこで，彼らマイノリティ（少数派）の人々に対して，雇用や入学などに際して一定の特別枠を設けるような試みが始められたのである。

　当時から現在に至るまで，特定の人々に対して一定の特別枠を設けるという点について批判は少なくない。なぜなら，一般枠で不合格となったマジョリティ（多数派）の人より点数の低いマイノリティの人が特別枠で入学できる，といったことが起こり得るからである。不合格となったマジョリティにとっては大変な不公平に感じるだろう。

　しかしながら，こうした批判を乗り越えてAAの発想が現在も多くの国々で取り入れられている理由は，AAが人々の意識改革を目指し，歴史的・構造的に生じる格差の是正を目指しているからにほかならない。

　仮に点数操作などを一切行わず，マイノリティとマジョリティをまったく同じ条件で「公平に」採用試験や入学試験に臨ませた場合，マジョリティ側に圧倒的に有利である。もし，人種的・宗教的マイノリティが多く住む地区出身で，周りに大学へ行った者が一人もおらず，「大学に行きたい」という夢を口にすると反対されたり馬鹿にされたりするような環境で育ったXくんと，

WASP（アメリカの「主流」「マジョリティ」といわれる白人中産階級プロテスタントの通称）の家庭で育ち，資金や塾の送迎など，親や周囲の大人が学業を全力でサポートしてくれる環境で育ったYくんに，まったく同じ採用試験や入学試験を受けてもらった場合，間違いなくXくんに不利である。AAは半ば強制的に一定の割合をマイノリティの人々に当てることで，歴史的・構造的に培われてきた大衆意識を変えようとする試みなのである。「全入学者のうち2割は，マイノリティに必ず割り当てられる」ということになれば，Xくんのような環境で育った若者であっても，途中で投げやりな気持ちになることなく，当初の夢をまっとうして大学に入れるかもしれないし，貧困の連鎖を断ち切るような安定した職に就けるかもしれない。もしかすると，親や近隣住民，友だちの中にもXくんの進学の夢を馬鹿にせず，応援する者が現れるかもしれない。

　XくんとYくんは架空の例であるが，フランスのエリート校「シアンスポ」が行ったZEP（教育優先地区）出身者へのAAは有名であるため，ご存じない読者はぜひ参照していただきたい（上原, 2007他）。

5. パソナの取り組み

　2020年8月，人材派遣業の最大手の一つであるパソナグループは兵庫県淡路島を拠点に「ひとり親　働く支援プロジェクト」を発足した。募集要項には「ひとり親」と記載されており，決して父子家庭からの応募を拒否しているわけではないものの，メインのターゲットは発足時から現在まで一貫してシングル・マザーであり，仕事と育児，生活をトータルに支援することが示された。初年度は10名の母親が雇用され，その後は定員を100名に拡大するなど，人・物・金のすべての面で急速に拡大中のプロジェクトである。以下，プロジェクトの内容を具体的に見ていこう。

（1）採用条件

　応募者の学歴・職歴は一切問われない。淡路島の通勤圏内に移住ができること，同僚や地域のコミュニティになじめること，の2点が求められる。採用者には住居とフルタイムの正規雇用ポストが用意される。手厚い研修が行われる

<募集要項>

対　象： 淡路島での就業・暮らしを希望する、ひとり親家庭の方（年齢・経験不問）

雇用形態： 正社員
（パソナグループ各社での勤務・配属を予定）

勤務地： 兵庫県淡路市 パソナグループ各施設

募集職種： ■管理部門　■アウトソーシング部門　■営業部門　■地方創生部門
（適性に応じて職種を横断してご活躍頂く場合もあります）

給　与： 年収 350万円 ～ 600万円
社会保険料、賞与年2回含む。別途、交通費支給(上限3万円/月)、残業代支給

時　間： 実働 7.5時間　週休二日制
（雇用元会社により8hの場合もあります）

<選考プロセス>

図5　「ひとり親　働く支援プロジェクト」初年度募集要項等
出典：2021年3月募集要項から抜粋

ためフルタイムの就業経験のない母親や同業種未経験の母親もスムーズに就業が可能である。初期の募集要項は図5のとおりである。なお，最新の募集要項は，基本的な図5の構造からはほぼ変更はないものの，福利厚生のバリエーションなど細かな部分が大幅にアップデートされている。

（2）ファミリー・オフィス

　同プロジェクトの特徴的な取り組みの一つに，同一の建物内にオフィスフロアと居住フロアを擁する「ファミリー・オフィス」がある。採用された母親が全員，そこに入居しなければいけないわけではなく，入居はあくまでも任意であるが，実際に入居し勤務しているKさんにお話を聞いたところ，とても快適とのことだった。居室は家具付きであるため入居後スムーズに生活を開始できる。

　オフィスの一画は託児スペースになっており，保育スタッフが19時まで常駐している。すなわち，保育施設への送迎負担がまったくない。オフィスエリアと同じフロアに存在し，仕切りもほとんどないため，子どもたちのにぎやかな声をBGMに働く。社員は通りすがりに子どもの様子をのぞくことができ，託児スペースを利用していない社員と子どもたちがコミュニケーションをとる

場面も頻繁にある。社員の方に「騒がしくて仕事に支障が出ることはないか」とお聞きしたところ，「子どもたちの元気な様子を見ていると癒される」「慣れると気にならない」「パソナ社員のデスクはフリーアドレス制[6]であるため，静かに集中したい場合は他の（ファミリー・オフィスではない）建物に移動して仕事をする」とのことだった。パソナは淡路島北部に多数の施設を所有しており，社員が自由に使えるワークスペースが複数箇所存在している。なかには海が一望できるワークスペースもあり，よい気分転換になるとのことだった。

　また，乳幼児が身近にいる人はよくわかると思うが，幼い子どもを一歩でも自宅の外に連れ出すとなれば，必要な荷物はとにかく多い。ファミリー・オフィスに住んでいれば，たとえば持ち歩き用のオムツを補充し忘れたり，子どもが何度も服を汚して着替えの予備が不足したりした場合でも気軽に自宅に取りに戻ることができる。これも働く母親たちの負担減に大きく貢献している。

（3）食事

　オフィスの一画には業務用の冷凍庫が設置されている。電子レンジで解凍すればすぐに食べられるような冷凍ミールが用意され，社員は無料で持ち帰ることができる。働くシングル・マザーは，退勤後も帰宅してから食事の準備や食器洗い，子どもの入浴や寝かしつけなど，さまざまな家事労働・育児労働に追われる。しかし，この無料の食事サービスの存在によって，「買い出し」「料理」「後片付け」という，家事労働の中でも拘束時間や身体的負担の大きい3つのタスクから解放される。お弁当サービスとは別に社員食堂も用意されている。

（4）その他

　インターナショナル・スクール（淡路キッズガーデン），レゴ，マインクラフト，バレエ，空手など，社員家族が無料ないし格安で利用できるプログラムが数多く用意されている。

　また，「向こう三軒両隣」をキーワードとして，移住してきた母子が地域および近隣に溶け込み，母親コミュニティにスムーズに入れるようなさまざまなバックアップが行われている。実際に母親たちに話を聞いたところ，オフィス

の託児スペースが利用できない勤務時間外や土日などに子どもを預け合ったりなど，同じ立場の母親同士で助け合える心強さがあるという。

　もっとも，同プロジェクトで雇用された親子が全員，ファミリー・オフィスに居住しなければならないわけではない。オフィス外に居住する場合も，会社側が社宅を用意したり，アパートやマンション探しを全面的に支援したりなど，必ず住宅確保がなされることも強みである。なお，オフィス外居住者の託児スペースへの送迎は無料である。

6. まとめ

　働く母親たちにインタビューを行った中で印象的であったのが，「（自分たちの待遇は）すごく恵まれていると思う」「（パソナと関係のない）シングルではないママ友がいるが，自分の受けている待遇をすべて話すと妬まれてしまうかもしれないから，全部は話さないようにしている」という発言だった。

　株式会社パソナグループが1976年に創業された動機は，働く意欲のある主婦と企業とを結びつけ，女性が輝ける機会や場所を創出する，というものであった。以降，同社は業務請負契約とは明確に異なる労働者派遣業，いわゆる「人材派遣」というシステムを日本社会に膾炙させた存在として広く知られている。創業当初から「女性を活かす」という企業風土が根付いていることは，同プロジェクトにも多大な影響を与えている。雇用された母親たちはスティグマ[7]を感じることなく，むしろ「女性である」「子育て中の母親である」ということもその人の一部として，非常に大切な人材として扱われるとともに，シングル・マザーのニーズとして想定されるニーズほぼすべてに対して手厚い支援やフォローを受けている。

　以下はほんの一例であるが，先にも述べたとおり，オフィスの託児スペースの利用は19時までである。「19時までに仕事が終わらない場合はどうするのか」という質問を投げかけたところ，「そもそもの発想が逆である」「フレックスタイムのため多少の変動はあるが基本の定時は17時半であり，17時半までに仕事が終わるようにする」「同僚や上司もそれを前提に行動する」「17時半から19時までは残業扱いになるが，必ず19時までに退勤できるようにする」とい

うことだった。

　本章でもすでに述べたが、AAは決して逆差別を奨励する概念ではない。これまで差別や不利益を被ってきていた特定の集団に、あえて手厚い待遇を付与することで、人々の意識（母子家庭はかわいそう等）を変革していくための試みなのである。言い換えれば、マジョリティ側の意識が変わらない限り、対症療法的な支援やサービスをどんなに投入しようとも焼石に水である。その点で、パソナの同プロジェクトは成功を収めているといってよい。

　もっとも、同プロジェクトのそもそもの起点はAAではない。すでに述べたとおり、同社は「女性を大切にする」「女性を輝かせる」という理念のもと創業されており、同プロジェクトもこの延長線上に発想されている。「困窮している母子家庭を助ける」ということは当初の主目的ではなかった。しかしながらプロジェクトが拡大するにつれて、夫からの暴力に悩む離婚前の母親からの相談があるなど、福祉的支援の必要性も増している。地元のハローワークや子ども家庭支援センター、社会福祉協議会などとの連携を強化する方向にあるとのことだった。これについてはコラムで詳述したい。

演習課題

　福祉的ニーズのある人（あるいはマイノリティ）に限って社会的に排除されやすく、そうでない人との格差がますます開いていくという具体例について思いつく限り挙げてみましょう。

[注]

1　厚生労働省の定義では、祖父母など、父母以外の大人が同居している場合であっても、父母のうちどちらか片方が同居していれば「ひとり親世帯」「母子世帯」「父子世帯」に含まれる。

2　たとえば、有職・無職を問わず、子育て中のシングル・マザーがマンションやアパートを借りようとすると拒否されるケースが多々報告されている。母子生活支援施設の入所理由の最多は「夫の暴力」58.1％であるが、「入所前の家庭環境の不適切」8.7％、「経済事情」7.5％を抑えて「住宅事情」17.8％が2番目に多いことからも、母子家庭の住宅確保の困難

さがうかがい知れる。

3　下線は引用者による。

4　本章で紹介するインタビューは倫理審査承認済みである（田園調布学園大学研究倫理委員会承認番号21-017(A)）。

5　なお，辻村みよ子をはじめ，アファーマティブ・アクションをアメリカ型として「積極的格差是正措置」，ポジティブ・アクションをヨーロッパ型として「積極的差別是正措置」と整理するような議論もある。しかしながら概念規定を掘り下げることは本章の目的ではないため，今回この議論には立ち入らない。近年では「アファーマティブ・アクション（ポジティブ・アクション）」と表記されるなど，ほぼ同義として扱われることも少なくない。本章ではアファーマティブ・アクションの表記で統一し，内容も区別しないこととする。

6　社員が「自分のデスク」をもたず，空いていればどのデスクを使用してもかまわないというシステム。図書館の閲覧デスクを想像してもらえればわかりやすい。ちなみに和製英語である。

7　社会学者アーヴィング・ゴッフマンが整理した用語。奴隷や犯罪者の体に押す「烙印」を意味するギリシャ語を語源としている。「障がい者」「犯罪者」「宗教」など，特定の属性をもっているというだけで，その集団がまとめて価値の低い者，汚れた存在のように扱われることを指す。「負い目」「引け目」「劣等感」「差別」「偏見」などの日本語を用いて説明されることも多い。

[文献]

上原秀一．（2007）．パリ政治学院，優先教育地区（ZEP）出身の初の卒業生．文部科学省生涯学習政策局調査企画課（編）．諸外国の教育の動き2006（pp.117-118）．国立印刷局．

厚生労働省．（2017）．平成28年度全国ひとり親世帯等調査結果報告．

厚生労働省．（2019）．国民生活基礎調査．

厚生労働省．（2021）．全国母子生活支援施設実態調査．

辻村みよ子（編）．（2004）．世界のポジティヴ・アクションと男女共同参画．東北大学出版会．

内閣府．（2021）．「選択する未来2.0」報告参考資料．

コラム

情報デバイドとフィランソロピー

　本文で紹介した株式会社パソナグループの「ひとり親　働く支援プロジェクト」は2020年に発足した。全国から募集を行い，2021年4月から勤務開始に至ったのは8名であった。同年7月1日には新たに2名が加わり，最終的に10名程度の採用となった。募集定員数については非公表であるが，「想定よりは応募が下回った」ということであった。

　また，特筆すべきは，問い合わせや応募をしてくる母親たちの大半が，貧困層や「社会的弱者」といわれるような層ではなかったことである。むしろ，大卒以上の学歴がある，外国語を話せる，就労経験がありビジネスマナーやパソコンスキルをすでに修得済みといった，いわゆるハイキャリアな母親たちが少なくなかった。これについて担当者らにお聞きしたところ，「（現在はまったく違うが）初期はプロジェクト自体が認知されていなかった」「したがって，インターネットが自在に使えて，アンテナを多方面に張っていて，適切な検索ワードを入れて主体的に情報を収集する能力がすでに備わっていて，同プロジェクトの利点を理解できるリテラシーのある母親たちからの応募が多かった」とのことだった。

　これは非常に重要なことである。すでに述べたとおり，同プロジェクト創設の理念は「働く意欲のあるシングル・マザーが輝ける機会や場所を提供すること」であって，特段アファーマティブ・アクションを意識したものではなかった。よって，ハイキャリアな応募者が多かったこと自体はプロジェクトの失敗には決してあたらない。しかし，本文中にも記載したとおり，筆者の目から見ても多くのシングル・マザーの利益に資する素晴らしいプロジェクトであるため，率直に「もったいない」と感じた（なお，後述のとおり企業側の多大なる努力によりこのような状況は翌年度には速やかに解消している）。

　いったん「社会的弱者」の立場に陥ると，金銭・情報・サービス・住居

などさまざまなものにアクセスしづらくなり，有利な機会や情報からどんどん遠ざかり，社会的交流からも排除され，格差がますます固定化・拡大していく。こうした事象を専門用語で社会的排除（social exclusion：ソーシャル・エクスクルージョン）という。

　2021年以降，同社は全国放送のメディアやネットニュースなどに精力的な広報を展開した。子ども家庭支援センター，社会福祉協議会，ハローワークなどとも積極的に連携をとっていったところ，定員100名に対して約350名のエントリーがあった。社会的排除や情報デバイドの問題に迅速かつ柔軟に対応できる企業風土や体制は，他の企業も見習うところが多々あるだろう。

第4章
高齢者福祉と共生社会

新名正弥

1. はじめに

　戦後，我が国は，豊かで長生きの国として知られるようになった。高齢者人口および人口全体に占める高齢者割合は増え続け，百寿者の人口は2022年に10万人を超えた。我が国が高齢社会に達するに要した年数は25年であるといわれ，フランスの120年と比較して圧倒的に早いことが指摘されており，急速な高齢社会の進展に伴って，高齢者を支える公的な諸制度も整えられてきた。しかし，団塊の世代が75歳を迎える年である「2025年問題」に対応するべく，多くの公的制度の見直しがなされている。また，日本老年学会と日本老年医学会は2017年に，我が国の65歳以上の集団はかつてより健康となり「若く」なっているとして，現在65歳以上となっている高齢者の定義を，65歳から74歳を「准高齢者」，75歳から89歳を「高齢者」，90歳以上を「超高齢者」と変更することを提言した（日本老年学会・日本老年医学会, 2017）。高齢者を取り巻く環境変化によって，健康な高齢者の稼働期間の見直しと老齢年金の支給開始年齢が引き上げられた。労働市場からの引退後もボランティア活動などの社会貢献や健康維持活動が奨励されている。

　しかし，2011年に発生した東日本大震災やその後の自然災害では，その立地の悪さから多くの高齢者を対象とした施設に被害が及んだことは記憶に新しい。また，2020年に発生した新型コロナウイルスによるパンデミックでは，罹患による死者は高齢者に偏っていることが明らかになった。他方，高齢者が組織的に経済犯罪の標的となり，服役囚の高齢化が報じられるようになった。

　惨事や社会変動が高齢期の生活に対して与える影響は，それまでに社会が準備してきた環境によって決まるように見える。経済大国かつ長寿国家となった我が国で，年を重ねることは幸せな経験なのだろうか。安心して，年を重ねら

れる社会の要件はどのようなものだろうか。どの国も経験していないような長寿国家のあり方を考えてみたい。

2. 高齢者と社会

　近年は，高齢期にあっても「生産性（プロダクティビティ）」が求められるようになった。しかし，高齢者と社会との関わりを考えるとき，1980年代に忘れられない事件があった。「豊田商事事件」として知られる，金を用いた金融商品取引（ペーパー商法：現物の購入を伴わない証券を発行し預けた金額を詐取する）による組織的詐欺事件である。この事件は，詐欺を行った会社の会長が世間の衆目を集める中で刺殺されるというショッキングな結末を迎えた。しかし，そのショッキングさと被害の規模もさることながら，この事件の特徴として，多くの高齢者に被害が及んだことが挙げられる。のちに放送された事件を扱ったドキュメンタリー番組には，被害に遭った高齢者に社会の中で孤立し孤独な者が多く，肩を揉み，話し相手となってやさしく接してくれる営業マンがもちかける話を，詐欺と疑いながら契約したと話す姿が映し出されていた（NHK「プロジェクトX 挑戦者たち」2000年10月3日放送「悪から金を取り戻せ〜豊田商事事件・中坊公平チームの闘い〜」）。高齢者が組織的に経済犯罪の標的となった本事件は，訪問販売に関わる事件や「オレオレ詐欺」など，のちに特殊詐欺と呼ばれる経済犯罪の原型といえる。以後，社会における高齢者のイメージは，犯罪被害の対象，認知症や寝たきりによる介護の対象，交通事故の加害者・被害者，高齢化する刑務所収容者，孤独死者等，社会問題の主体として立ち現れるようになる。

　高齢期になると人はどのように社会との関わりを変えるのだろうか。高齢者と社会の関わりに関して，社会老年学では離脱理論，活動理論，継続性理論が知られている。離脱理論は，人は高齢期になると社会との接点を必然的に減らし，社会から離脱していくという考え方である。この考え方に対して，活動理論では高齢期でも社会との接点を維持し活動を続けるとして，離脱理論とは正反対の見方をとる。そして継続性理論では，人は中年期からの生活を高齢期でも継続するので，社会との関わり方も中年期からの方法を継続するといった見

方をとる。これらの理論は，高齢期における役割に着目し，社会規範などの社会の影響を重視した理論であるといえる。一方で，高齢者が自らの老いを積極的に制御するために社会関係を調整するという社会情動的選択性理論が登場した。この理論は，人は高齢期には時間的展望の狭まりを意識し，自分の体力や気力，関心に合わせた人づきあいを行い，結果として社会関係を減少させ自分にとって意義のある関係のみを重視するという見方である（杉澤, 2007）。このように，人が加齢変化によってどのように社会に適応するのかという問いについては，多くの見方が示されている。

3. 高齢者と社会制度

　高齢期のあり方や高齢者のイメージを，社会保障制度など公的な諸制度が決めているのではないかという指摘がある。ピーター・タウンゼントは，社会保障制度そのものが規定する低い年金水準や意にそぐわない施設入所等を通じて，高齢者に甘んじて「構造化された依存（structured dependency）」状態を受け入れさせているとして批判した（Townsend, 1981）。老年学の知見からは，高齢者には長期記憶やエピソード記憶などの認知能力の領域で老化の影響が少ない機能があること，そして，心身の機能から見て自立して生活するのが困難な高齢者は全体の2割にすぎないことなど，ステレオタイプ的な高齢者像を覆すような知見が蓄積されるにつれて，老年期を依存の時期としてではなく，「うまく・適切（サクセスフル）」に，「生産的（プロダクティブ）」に過ごす時期として位置づける考え方が提唱されるようになった。かつての「老人」のイメージからは想像できない健康な高齢者が増えると，恣意的に定められた「年齢」を用いて，高齢者を一集団として捉えることは，長寿が珍しかった時代より難しくなったといえよう。実際，65歳以上の人口を見ると，健康状態は多様である。当初は欧米の研究者によって提唱されたサクセスフル・エイジング（Rowe & Kahn, 1987）やプロダクティブ・エイジング（Butler, 1985）といった考え方は，長く職業生活を送ることが「生きがい」とされた我が国にあっても受け入れやすい考え方であったといえるだろう。このような新たな高齢者像は，多くの老年学研究者によって応用され，高齢者と社会との関わり方をより積極的に捉え

るような知見を生み，制度への応用が進んだ。

4. 長生きの質と「予防の個人化」

　戦後，国民の寿命がのびたことは喜ばしいことといえる。しかし，報道される多くの介護をめぐる事件によって，高齢社会は介護社会であり，老親の介護が社会問題として認識され，長生きはリスクとして捉えられるようになった。政府も介護問題に対応するために2000年に介護保険制度を施行し，対応した。介護保険が国の制度として位置づけられることで，介護職の資格化が進み，また，準市場化によって在宅サービスと施設サービスは量的に拡大していった。しかし，団塊の世代が後期高齢者となり，医療費と介護費用の抑制が政策課題とされると，社会保障費の世代間負担の観点から高齢者個人の努力も重視されるようになる。たとえば，2005年の介護保険制度改正時には，要介護となることを予防するという「介護予防」概念が制度に導入された。この介護予防概念は，運動習慣が将来の虚弱化を予防するといった社会医学分野からの研究や社会的な活動が健康に寄与するといった知見を参考にしている。個々の高齢者がライフスタイルを見直し，高齢期にあっても「運動」や「社会生活」などの「予防活動」を積極的に行うことで「自立」した生活を送り「健康寿命」をのばすという「予防の個人化」は，産業界のアンチエイジングに代表される「長生きの産業化」（Estes, 1979）の動きとも共鳴し，「長生きの質」が重要な政策目標の一つとなった。

5. エイジズムと高齢者の社会的疎外

　健康で豊かな老後は理想ではあるが，現実には人は老年期にあってさまざまなリスクに晒されている。私たちは，いずれ伴侶との離別や死別，病気や怪我に見舞われる。震災によって多くの高齢者が被害者となり，コロナ禍で犠牲となった者の圧倒的多数が高齢者である。犯罪によってなけなしの財産を奪われてしまうこともある。生活保護世帯のボリュームゾーンは高齢者であり，とくに性に着目すると高齢女性は貧困リスクが高い。このように，経済的な格差は

若年期と比較して，高齢期において拡大している。高齢者の生活を支える家族の構成を見ても，地域によっては多世代同居が多い場所もあれば，都市部では，そもそも，子のいない世帯の増加によって単身高齢者が著しく増加している。人である以上，さまざまな要因で日々の生活はある日突然失われる。そのようなときに私たちは不幸を感じ，世を儚んだり，気力を失ったりする。ゴミ屋敷に見られるように，自分の身の周りのことを行わず，自己疎外を起こす症状を精神医学では，古代の哲学者の名を冠してディオゲネス症候群と呼ぶ。このような高齢者に対し，社会の側は問題と捉え，対策が必要な人として視点を変え，差別につながっていく。地域社会では，高齢者が私たちの地域の倫理にそぐわない者として差別的な視点に晒されることになり，労働市場では新たな技術をもたない高齢者の雇用条件を下げて再雇用する。だまされやすい高齢者を対象に，「押し売り・押し買い」の標的にし，高齢者を対象に息子や娘を装って行われる詐欺や犯罪には枚挙にいとまがない。このような「ある年齢集団に対する否定的，あるいは肯定的偏見もしくは差別」は「エイジズム」と呼ばれる（Butler, 1980; Palmore, 1990）。

6. 認知症と共生社会

　認知症の人の増加は，大きな課題の一つとしてその対応が急がれている領域である。厚生労働省の研究班によると，認知症の人は，2025年には700万人にのぼることが予想されている。アルツハイマー病などの認知症は，症状が進むにつれて，本人のみならずケアする家族も地域社会から孤立させ，追い詰める病として認識されているが，現在のところ，根本治療法は確立されておらず，予防も困難である。

　近年，認知症に代表される高齢期の疾患や障がいに関して「社会的処方（social prescribing）」が注目されている。社会的処方とは，それまでの薬物等の処方に対して，罹患した当事者の生活上の諸課題に取り組むために，当事者に地域活動を通じて社会参加の機会を処方することをいう。このような処方を通じて，根本治療が難しい疾患を罹患しても，社会的孤立を防ぎ，幸福（ウェルビーイング）を維持することが目指される。認知症の人を支えるには，居住す

るその場所で，住民の協力が欠かせない。このように人と人を実際につなげる福祉サービスの提供主体として「地域」に関心が集まる。

7. 高齢者が住む場所としての「地域」と福祉の地域化

　福祉の地域化の傾向は，増加する高齢者の福祉ニーズへの政策対応として登場したといえる（武川，2006）。介護保険制度は国の制度であるが，介護の社会化を推進するうえで市区町村等の自治体の役割が重視された。自治体は介護保険制度の保険者として，制度の計画づくり，サービス誘致，保険料の算定，ニーズ調査，予防事業を行う。これは，介護が必要な高齢者ができるだけ住み慣れた地域で過ごすための仕組みといえる。介護リスクに対して介護サービスを公的に準備する枠組みはつくられたが，現実には高齢者の生活上の課題を介護サービスのみで解決するのは難しく，制度では補えない領域を支える主体として「地域」が登場することになる。国が主導する「地域包括ケアシステム」は「保険者である市町村や都道府県が，地域の自主性や主体性に基づき，地域の特性に応じて作り上げ」るシステムとして，実現を目指している（厚生労働省，福祉・介護地域包括ケアシステム）。

　この「地域包括ケアシステム」の基盤として共生社会の構築が必要不可欠であるとされている。その共生社会の主体として「住民」が位置づけられる。政府は，「一億総活躍社会づくり」「我が事・丸ごと」のスローガンのもとで，既存の福祉資源を「自助」「互助」「共助」「公助」の枠組みで整理したうえで，福祉分野に顕著な「支え手側」と「受け手側」の区別をなくし，「地域のあらゆる住民が役割を持ち，支え合いながら」，「公的に福祉サービスと協働して助け合いながら暮らすことのできる『地域共生社会』を実現する」ことを想定している。地域共生社会の創出にあたり，「自己努力」「住民・ボランティア・NPOによるサービス」などを通じて，住民自らが「自分らしく活躍できる地域コミュニティ」を「育成」することが織り込まれ，住民の当事者意識の覚醒が鍵となっている。

　その一方で，近年，災害による福祉関連施設の被災が顕著になっている。東日本大震災では，高齢者施設が津波によって被害を受け多くの入所者が犠牲

になった。また，2016年には岩手県岩泉町で起きた河川の氾濫では入所者全員が死亡し，2020年には熊本県南部水害で特別養護老人ホームが被害を受け，14人の入所者が死亡している（大野, 2020）。福祉施設の多くは山間部など都市から離れた場所に立地しているが，この背景として，多くの社会福祉関連施設が社会福祉法人等の民設型であることが挙げられる。福祉施設を建設する際の費用負担を見ると，設置者は土地を購入する場合は費用を負担しなければならず，また，借地費用や建設費の補助も部分的なので（たとえば，東京都特別養護老人ホーム等整備費補助制度等），費用をいかに抑えるかが施設経営の課題になる。そのような費用の制約がある中で，地価の安い山間部や浸水危険地域が選ばれる傾向が見られることが指摘されている（同前）。

地域を語るとき，「福祉を提供する主体としての一般居住地としての地域」と「安価な地理的に隔離された地域」，つまり経済効率から見た地域の二重構造が存在することに留意すべきであろう。

8. 高齢期と共生社会の見方

生産性や投資効率を極度に重視した社会において長寿が可視化されると，長寿は喜ばしいこととしてではなく，むしろ生き長らえることにかかる費用をどのように準備するかという「リスク」として捉えられるようになる。高度化した資本主義社会が，生産性を極限まで高め，その規範にそぐわない人たちを自己責任の名のもとに見捨てる。このような新たな社会規範を描いた映画が話題を呼んだ。2022年のカンヌ映画祭で特別賞を受賞した「PLAN 75」（早川千絵監督）は，75歳になると自らの希望で人生を終わらせる選択ができる公的制度に翻弄される老婦人が主人公の映画だ。人生の黄昏に至り，身体の衰え，貧困，病気におびえた高齢者が，自らの生死の選択を迫られる，そんなディストピア社会として日本が登場する。生産性の向上と自己責任が，社会や経済の成長をもたらすとする思想と言説は，津久井やまゆり園事件の犯行動機と多くの一致を見る。

私たちの社会には「エイジズム」という年齢による差別がある。『レイシズム』を著したルース・ベネディクトは，差別のメカニズムとして「個人の利益

ないし損失」が「皆の利益ないし損失」となった時点で排斥作用が起動すると指摘している（Benedict, 1942=2020, p.193)。「コスパ」や「メリット」が選択の基準となっている現代にあって，高齢期になっても安心して生活できる社会は生産性で区別される社会ではないはずである。個々の尊厳をもった生き方が尊重されることが大事ではなかろうか。

「予防の個人化」は「生―権力」として命を管理し巧妙に方向づける力と化す恐れをはらむ（Katz, 1996)。私たちの社会は，知識によって本来多様であるはずの人間の身体を正常と異常に分類する。老いはあくまで個人の経験であるが，多くの人が長寿になるにつれ，社会にとって望ましい老い方が模索されているかのようである。

高齢期に，健康で子どもとその家族に囲まれ，十分な年金を得て悠々自適に生活できる老後が典型ではないことはもはや自明であろう。貧困，疾患，障がい，社会的孤立など，高齢期の社会的不利が長い時間をかけて複合的な要因によって蓄積された生活構造の結果として捉えるとき，もはや，蓄積された社会的不利を，「自助（自己責任）」に代表される生産性や投資効率といった成長規範で解消しようとすることは困難となろう。

福祉の「地域化」によって共生社会を実現しようとするには，国はむろんとして，地域行政を担う自治体の役割は大きい。その意味するところが多様な「地域」を主体とした施策は，容易に責任の空白地帯を生む可能性をはらむ。地域行政を担う自治体は，経済的利益の拡大につながる企業誘致や，観光資源保護政策などに代表される開発政策には積極的だが，低所得者を対象にした再分配政策には消極的になる傾向がある（Peterson, 1981)。近年，自治体は，観光需要の取り込みに代表される地域経済の活性化にしのぎを削っており，再分配政策と開発政策とのバランスのとり方が課題である。

共生社会のあり方としてWHO（世界保健機関）が提唱する都市政策であり，世界の自治体ネットワークとして2010年に立ち上げたage-friendly cityが注目される（WHO, 2007)。2019年時点で，46か国937の市町村が参加し，我が国では，秋田市，宝塚市と神奈川県の22市町がネットワークに参加している。この都市政策は，年齢や健康度にとらわれずすべての年齢の人が地域で活動できるように「交通」「住宅」「社会参加」「尊厳と社会的包摂」「市民的参加と雇

用」「コミュニケーションと情報」「コミュニティサポートとヘルスサービス」「外的空間と建築」の8領域について都市政策を構築することを主眼としている。そして，この政策の立案にあたっては，いわゆる市民参加によるボトムアップ型で行うことが望ましいとされている（中田, 2017）。

　ボトムアップ型の政策決定において，地方自治体の役割は体制構築主体（enabler）と位置づけられるが，実際には，当事者はもとより，さまざまな価値観をもった住民，企業，NPO等のアクターの協働を実現させることが鍵となっている。加えて，高齢者と若年者の世代間の関わり方も政策の立案に影響を及ぼす。若年（25〜40歳）と壮年（41〜64歳），老年（65歳以上）世代の政治的有効性感覚（個人の政治的行為が政治過程に影響を与える，もしくは，与える可能性があるという感情）を見ると，若年世代が壮年・老年世代と比較して有意に低く，政策議論に参加せず，意見が反映されなくなる可能性が高い。また，社会・地域活動の場となる地域等組織への参加を見ても，壮年・老年世代と比較すると若年世代の参加は低い。地域や都市政策を立案する場合，世代による政治的関心の違い，老若男女が活動している場や種別が異なることを前提に，若年者の意見も反映しつつ，政策立案をしていく必要があろう（新名他, 2017）。そのためには，世代間交流を促進するような教育制度の構想が必要だ。

　さらに，アクターを超えて，当事者の尊厳を尊重し，社会的包摂を目指す共生社会を構築するための統合理念が不可欠となる。この理念的統合に必要な倫理には，自立概念の捉え直しが欠かせない。コミュニタリアンであるマスラデア・マッキンタイアは，「自立」と「依存」の関係を以下のように捉え直す。人間には「自立した，そして，説明責任を果たしうる実践的推論者として私たちが機能する諸徳」である「自立の諸徳」と，「私たちの他者たちに対する依存の本性とその程度を私たちが承認することを可能にする諸徳」である「依存の諸徳」が必要であると主張する。そして，この自立と依存の徳の獲得と行使は「私たちが諸々の〈与えることと受けとること〉の社会関係に参加する場合に限って可能」となるという。共生には，生産性や投資効率ではなく，世代や立場を超えて「人」として「自立」と「依存」という徳を社会で交換する善が必要であるという理念的統合が不可欠なのである（MacIntyre, 1999=2018, p.228）。

［文献］

大野孝志．（2020）．繰り返される大雨被害，災害弱者施設なぜ危険地域に．東京新聞7月7日朝刊22頁．

厚生労働省．福祉・介護地域包括ケアシステム．https://www.mhlw.go.jp/stf/seisakunitsuite/bunya/hukushi_kaigo/kaigo_koureisha/chiiki-houkatsu/．2022年10月1日アクセス．

杉澤秀博．（2007）．老年学の社会学説．柴田　博・長田久雄・杉澤秀博（編）．老年学要論―老いを理解する― (pp.44-61)．建帛社．

新名正弥・杉澤秀博・杉原陽子・原田　謙・柳沢志津子．（2017）．政治的有効性感覚と組織参加の世代差．老年学雑誌, *7*, 31-44.

武川正吾．（2006）．地域福祉の主流化　福祉国家と市民社会Ⅲ．法律文化社．

中田知生．（2017）．元気な高齢者政策としてのAge-Friendly City．北星学園大学社会福祉学部北星論集, *54*, 9-20.

日本老年学会・日本老年医学会．（2017）．高齢者の定義と区分に関する，日本老年学会・日本老年医学会　高齢者に関する定義検討ワーキンググループからの提言（概要）．

Benedict, R. (1942). *Race and racism*. London: George Routledge & Sons = 阿部大樹（訳）．（2020）．レイシズム．講談社．

Butler, R. N. (1980). Ageism: A foreword. *Journal of Social Issues*, *36*(2), 8-11.

Butler, R. N. (1985). *Productive aging: Enhancing vitality in later life*. New York, NY: Springer Publishing.

Estes, C. L. (1979). *Aging enterprise: A critical examination of social policies and services for the aged*. San Francisco, CA: Jossey-Bass.

Katz, S. (1996). *Disciplining old age: The formation of gerontological knowledge*. Charlottesville, VA:University Press of Virginia.

MacIntyre, A. C. (1999). *Dependent rational animals: Why human beings need the virtues*. Chicago, IL: Carus Publishing Company＝高島和哉（訳）．（2018）．依存的な理性的動物―ヒトにはなぜ徳が必要か―．法政大学出版局．

Palmore, E. B. (1990). *Ageism: Negative and positive*. New York, NY: Springer ＝奥山正司他（訳）．（1995）．エイジズム―優遇と偏見・差別―．法政大学出版局．

Peterson, P. E. (1981). *City limits*. Chicago, IL: University of Chicago Press.

Rowe, J. W. & Kahn, R. L. (1987). Human aging: Usual and successful. *Science*, *10*, 237(4811), 143-149.

Townsend, P. (1981). Structured dependency of the elderly: A creation of social policy in the twentieth century. *Ageing & Society*, *1*(1), 5-28.

WHO. (2007). *Global age friendly cities: A guide*. Geneve: WHO.

コラム

認知症とともに生きる人と介護者にやさしい社会に向けて

　イギリスでは日本に先駆けて，それまでの予防や治療アプローチとは一線を画する地域共生を主眼とした政策「認知症とともによりよく生きる（Living well with dementia）」を進めている。イギリスの政策転換の先駆けとなった活動を行ったスコットランド・アルツハイマー病協会は，当事者の意見を反映し，ガイドブック「認知症に優しい地域社会（Dementia friendly community）」を作成している。ガイドブックには，認知症の人本人の尊厳尊重，プライバシー保護，当事者のニーズ優先を前提として，他の市民と同様の範囲と同様の質のサービスが提供され，本人の希望に応じて自立した生活を営み，可能な限り親しみのある環境の中で暮らす資格があることが記されている。また，介護者の権利にも触れられており，介護だけに拘束されるのではなく，その持てる能力を活かし，コミュニティに参加し，自分の日常生活や将来のケアに関わる決定に参加する資格があることが記されている。

　このように当事者を社会的に包摂することによって，どのような人も地域で共生を目指すあり方が我が国でも拡がっている。2019年に当事者がレストランで給仕をする「注文をまちがえる料理店」が話題となったが，当事者が図書館や事業者に講師として出向き，共生に向けて当事者の視点を活かす試みが行われている（東京新聞, 2022）。また，東京町田市では，認知症の人が仕事として洗車を行う事業など当事者の社会参加の場を確保しようとする動きも見られる。さらに，当事者をケアする支援者に対する目配りも共生社会には欠かせない。埼玉県は「ケアラー支援条例」を2020年に策定するなど，介護が必要な人のみならず，ケアする人も視野に入れた共生社会を目指す自治体が登場している。

[文献]

粟田主一．(2017)．Dementia Friendly Communityの理念と世界の動き．老年精神医学雑誌，*28*(5)，458-465．

東京新聞．(2022)．Togetherともに共生の町へ　認知症の目線　生活の場での配慮，業種ごとの対応手引き　暮らしやすさ当事者が助言．10月24日夕刊1頁．

第5章
障害児・者の心理・福祉・教育と共生社会

温泉美雪

1. 我が国における障害[1]の定義および障害支援の理念

　障害者施策に関する理念を定めている障害者基本法によると，障害者とは「身体障害，知的障害，精神障害その他の心身の機能の障害がある者であって，障害及び社会的障壁により継続的に日常生活又は社会生活に相当な制限を受ける状態にあるもの」と定められている。社会的障壁とは，利用しにくい施設や設備，障害がある人のことを考慮しない制度や習慣，障害のある人に対する差別や偏見を意味する。つまり，障害者基本法において，障害は障害者個人の要因だけでなく，社会的障壁によってもたらされる状態であることが示されている。また，この法律では人権尊重が強調されており，障害の有無によって分けられることなく，すべての人が社会参加することを目指し，国を挙げてこれを支援することが明文化されている。

　在宅療養している身体障害のある成人は，その6割以上が40歳以降に障害が発生していることから（内閣府, 2013），障害は誰もがなり得る状態と捉えることができる。こうした実情も踏まえると，すべての人が障害について当事者の立場に立って考えることは重要であり，障害とともに生きる共生社会の実現に欠かせないといえよう。

2. 障害にはどのような種類があるのか

　障害者基本法に基づくと，障害は大きく分けて4つに分類される。すなわち，障害種には，身体障害，知的障害，精神障害，その他の心身の機能の障害がある。表1に障害種の分類を，表2に本章で紹介する障害とその特徴をまとめる。本章では多様な障害の中から表2に示す障害を例にとり，福祉や教育に関する

表1　障害者基本法における障害種の分類

障害種	障害名
身体障害	視覚障害，聴覚障害，肢体不自由，心臓機能障害や免疫機能障害といった内部障害など
知的障害	知的障害（ダウン症や自閉スペクトラム症を伴う場合を含む）
精神障害	統合失調症，うつ病，てんかん，知的障害を伴わない自閉スペクトラム症，注意欠如多動症など
その他の心身の機能の障害	慢性疾患による機能障害（原則的に，症状が変動される場合を除く）

表2　本章で紹介する障害とその特徴

障害名	障害の特徴
先天性四肢欠損	出生時に四肢が欠如しているか，不完全な状態。子宮内の異常に起因することがほとんどである。下肢より上肢に欠損が見られることが多い。義肢の使用が主な治療になる。
自閉スペクトラム症	発達障害の一つ[2]。生来的にコミュニケーションに困難があり，こだわり行動や感覚の異常が見られる。また，知的障害を伴う場合と伴わない場合がある。知的障害を伴わない場合は記憶力に秀でており，関心の高い物事への知識が豊富であることがしばしば見られる。こうした場合にも，他者との相互コミュニケーションは不得手で，他者の思惑や暗黙の了解を察することに困難がある。それゆえ，障害の状態は理解されにくく，「我がままである」「おかしなことをわざとやっている」などの誤解を生みやすい。こういった不理解が高じて，不登校やひきこもり状態に陥ることもある。
統合失調症	幻覚や妄想，まとまりのない言動，感情の平板化，推理や問題を解決する力の衰えが生じ，社会生活や職業生活の水準が低下する障害。青年期以降に発症しやすい。急性期には幻覚や妄想などの陽性症状が活発になるが，投薬治療を受けることにより，これらの症状が落ち着いた寛解に至ることが多い。急性期の後に心身のエネルギーを蓄えた後は，リハビリテーションを行いながら，社会生活や職業生活ができる程度に回復することが可能である。

制度と，障害児・者の心理支援について解説する。

3. 「障害」という状態を理解する——医学モデルから社会モデル への転換

　障害には，医学モデルと社会モデルという2つの捉え方がある。医学モデルは，機能障害・能力障害・社会的不利の国際分類（International Classification of Impairments, Disabilities and Handicaps: ICIDH）と呼ばれ，1980年にWHO（世界保健機関）総会において採択された（図1）。このモデルによって，障害には形態障害だけでなく機能障害があることが示された。機能障害とは，「形態障害は認められないが，心身の働き方に障害があること」を意味しており，それは観察される症状によって判断される。たとえば，自閉スペクトラム症や統合失調症は形態障害ではなく，脳の機能障害に該当する。

　そしてICIDHは，疾病や変調がもたらす状態には「能力障害だけでなく，社会的不利がある」ことを示した。たとえば，自閉スペクトラム症はコミュニケーション能力に障害があり，友人関係を保つことに社会的不利が生じやすい。また，統合失調症は推理したり問題を解決する能力に障害があることから，就労の継続が困難であるという社会的不利に直面しやすい。ICIDHではこのように障害の状態を捉えていく。

　これまで述べてきたとおり，ICIDHは障害を身体の形の異常だけではなく，心身の働き，すなわち機能の異常を捉えること，そして障害が社会生活に及ぼす影響を考慮に入れた点が画期的であった。しかし，ICIDHは障害のマイナス面が強調されていることから，より障害者の健康的な側面に着目し，障害者をエンパワーして社会参加を促進する社会モデルへと発展した。そのモデルは

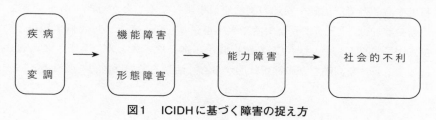

図1　ICIDHに基づく障害の捉え方

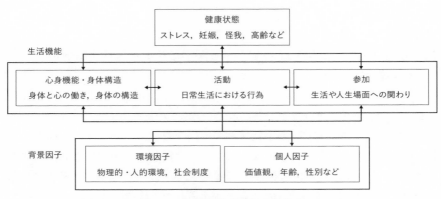

図2 ICFに基づく障害の捉え方

国際生活機能分類（International Classification of Functioning, Disability and Health: ICF）と呼ばれ，WHOによって2001年に提唱された。ICFではICIDHにおける機能・形態障害を「心身機能・構造」，能力障害を「活動」，社会的不利を「参加」と表記し，障害の状態をプラスの側面から定義した。また，障害の状態について，環境因子が与える影響も考慮するようになった（図2）。

　ICFに従って障害の状態を説明しよう。心身機能とは「身体と心の働き」を，身体構造とは「心臓や肺などの器官や手足など身体を構成している部分」を意味する。活動とは「日常生活における行為の遂行」のことである。この定義によれば，先天性四肢欠損は下肢を動かすことが困難で（心身機能），歩行の制限を受ける（活動）。しかしながら，電動車いすの使用によって外出することができる（活動）。参加は「生活や人生場面への関わり」のことである。参加の例として，身体障害者手帳を取得して（環境因子），仕事に就く場合があるだろう。このように，心身機能や構造に不具合があっても，福祉用具や社会制度を利用することで，活動や参加の制約を最小限にすることが可能である。また，活動や参加は，「どのような生活や人生を送りたいか」といった価値観などの個人因子に即して，いくつかの選択肢から選び取ることができる。このほかに，ストレスや高齢などの健康状態からも，活動や参加は影響を受ける。

4. 活動や参加までの過程——ICFモデルをもとに考える

　障害児・者はどのようにすれば，障害により受ける制限を最小限にして，活動や参加を果たすことができるのだろうか。ここでは，作家・タレントであり，先天性四肢欠損がある乙武洋匡さんの社会との関わりについて，自伝である『五体不満足』（乙武，1998）を引用して紹介する。そして，ICFの構成要素がどのように乙武さんの生活に影響を及ぼしたかを考察する。

　乙武さんは生まれながらにして両手両足に欠損があり，移動には電動車いすの使用が必要である。手作業としては，幼児のころから数十センチほどの両手と全身を駆使して，書字や食具，ハサミの使用ができていた。乙武さんのことを両親はとてもかわいがり，いつも外に連れて歩き，近所の人に紹介していた。近所でも，乙武さんのかわいらしさは定評があったようだ。幼稚園は「個性を尊重する」方針の園を選択し，言葉を巧みに扱う乙武さんはリーダー的な存在になっていた。砂場では，電動車いすの上から「お城を作れ」などと指示したりして遊んでいたようである。小さいころから両親に愛され，近所の人とふれあう経験が多かった乙武さんには，障害を含めて自分らしさを受け入れ，また，周囲の人と関わりをもとうとする姿勢が養われていた。

　乙武さんの小学校入学を控え，一家は教育委員会に出向き，通常学級への入学について話し合いの場が設けられた。当初，教育委員会からは通常学級への入学は「過去に前例がない」との理由で「待った」がかかっていた。しかし，「通常学級に入学することは現実的ではないのではないか」という教育委員会の懸念とは裏腹に，話し合いの場で乙武さんが巧みに手作業をこなす様子が見て取れたことから，乙武さんの通常学級への入学が許可された。

　乙武さんの1年生から4年生までの担任の先生はアイデアを絞り，見事に乙武さんと他の子どもたちの交流を自然で対等なものに方向づけた。乙武さんが授業の道具の準備に時間がかかるようであれば，ロッカーを2つ用意して移動時間を少なくした。また，先生は「乙武くんには，自分でできることは自分でさせる」「どうしてもできないことは手伝う」という方針を他児に示していた。クラスの子どもたちは，障害があるという理由で皆と同じ活動ができないこと

を不公平だと感じるようになり，運動を一緒に行う「オトちゃんルール」をつくり上げていった。たとえばドッジボールをする際には，乙武さんにボールが渡ったら，相手チームの子どもの何人かは乙武さんの半径3メートル以内に寄ることにした。このルールによって，乙武さんは5割ほどの確率で相手にボールをぶつけることができたようである。

　このような環境でクラスメイトと学びをともにした乙武さんはその後，大学在学中に母校のある早稲田で共生社会を創造するまちづくりに従事し，それが高じて『五体不満足』を出版する機会を得た。そして，この本が世間の注目の的となり，乙武さんの能力は脚光を浴び，作家・タレントとして活躍するに至ったのである。「環境さえ整っていれば，ボクのような体の不自由な障害者は，障害者でなくなる」という言葉には，乙武さんのバイタリティがあふれている。

演習課題1

　これまでの乙武さんの体験をICFに即して，以下の項目ごとに整理してみよう。

①心身機能・身体構造　　　②活動　　　　　　　③参加
④環境因子　　　　　　　　⑤個人因子　　　　　　（解説は79頁）

5.　障害やその特性のある子どもに対する特別支援教育

　これまでに，乙武さんが持てる力を発揮し，活動や参加を果たしてきたエピソードを紹介した。そのすべてが，身体の構造や機能に不具合のある乙武さんが通常学級で学校生活を送るうえで直面する社会的障壁を乗り越えてきた過程である。

　それから時を経て，我が国では2007年に，小中学校において子どもの発達特性に合った教育を行う特別支援教育が始まった（文部科学省，2007）。通常学級において学習面あるいは行動面で課題に直面している子どもが6.3％存在することがその背景にあった（文部科学省，2002）。

　特別支援教育の前身は特殊教育であり，特殊教育は養護学校（現在は特別支

援学校と呼ばれることもある）や特殊学級（現在の特別支援学級）に在籍している障害のある子どもに対して行われていた。これに対し，特別支援教育は通常学級にも導入され，診断の有無によらず，教育的ニーズのある発達障害やその傾向のある子どもも対象に加わった。これまで，知的障害がないものの相互コミュニケーションが苦手で，こだわり行動などが見られる自閉スペクトラム症の子どもが特別な教育を受けるためには，通常学級を抜けて通級指導教室に通う必要があり，その頻度は月に数回程度と限られていた。このため，通常学級への特別支援教育の導入は，こうした子どもたちにとって重要な教育の転換となった。

6. 治療教育プログラムの教育への導入

　特別支援教育の必要性が高まるなか，学校は学習面や行動面に課題のある子どもたちに対応すべく，医師や心理士などの専門家によるコンサルテーションを受けながら，特別支援教育の充実を図るようになった。そして，発達障害に対する治療教育プログラムを参考に，対象となる子どもたちに適した教育を施すようになってきている。

　治療教育の一つに Treatment and Education of Autistic and related Communication-handicapped CHildren（TEACCH）がある。TEACCHは，自閉スペクトラム症などのコミュニケーションに困難のある人が活動しやすい環境を整え，参加を果たしていくための治療教育である。アメリカのノースカロライナ州で州の全面的なバックアップを受け，その取り組みは展開されてきた。

　TEACCHの特長は構造化である。構造化とは，人が活動の見通しをもてるように環境を整える工夫のことである。時間の構造化には，活動をわかりやすく視覚化したスケジュールがある。図3はその一例で，身体検査で行う活動をイラストと文字で表して，左から右に順番に並べたものである。こうしたスケジュールは，先の見通しがもてないと混乱しやすい自閉スペクトラム症の子どもが安心できる材料である。物理的構造化は，場所に境界を設けて，視覚的に活動をわかりやすく示す支援である。皆さんはお店のレジに並ぶ際に，一時的

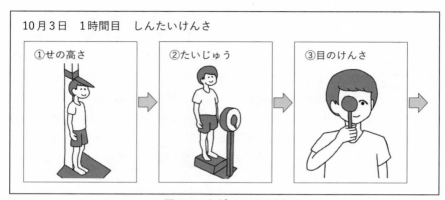

図3　スケジュールの例

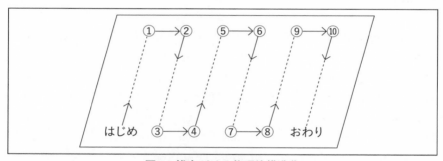

図4　雑巾がけの物理的構造化

に止まるための足型や，その後に進む方向を示す矢印が床に示されているのを見たことがあるだろう。これは，レジに並んで買い物を済ませる活動を円滑に行うための物理的構造化である。図4に，通常学級において掃除の活動を円滑に行うために工夫された物理的構造化の例を示す。図4に示されている「はじめ」は，床の雑巾がけをする際のスタート地点である。そして，教室の隅にある①から⑩までの数字と矢印は，子どもたちに①から順に矢印の方向に沿って雑巾がけをしていくことを視覚的に促している。自閉スペクトラム症は抽象的な言葉の理解に困難があるため，「まんべんなく拭く」という指示の代わりに，こうした物理的構造化を活用すると，教室を隅から隅まで雑巾がけすることが可能になる。

7. 障害者差別解消法

　本章ではこれまで，障害のある子どもに対する教育について述べてきた。本節以降は，障害のある人が成人を迎えた後の支援について述べていく。

　障害のある人が高等学校を卒業し，高等教育機関や職場において個別に配慮が必要な場合には，障害者差別解消法に基づく合理的配慮の提供を受けることになる。我が国では，2016年4月に障害者差別解消法が施行され，成人期以降の障害者支援のあり方が大きく変わった。

　障害者差別解消法は「障害であることを理由に不当に障害者を差別することを禁じる」とともに，「障害者に対して合理的配慮を提供すること」を定めたものである。そして，合理的配慮の提供を受けるためには，原則的に障害のある本人がその必要性を申し出ること，そして診断書などの障害に関する公的な根拠資料を提出することが必要となる。ここが，特別支援教育と大きく異なる点である。

　知的障害を伴わない自閉スペクトラム症のある大学生を例に挙げ，合理的配慮について説明しよう。大学では，障害のある本人の申し出があった場合に，過重な負担のない範囲で授業および試験に関する合理的配慮を提供することが義務づけられている。

　そこでまず，授業に関する配慮について言及する。自閉スペクトラム症は聴覚の過敏を伴う場合があり，授業中に周囲の学生がノートをめくる音などが気になり，授業に集中できないことがある。こうした状態にある学生には，教室前方の座席指定や，雑音を吸収するノイズキャンセリングイヤホンの使用許可が合理的配慮となり得る。大学には合理的配慮の提供を調整する担当部署が用

意されており，多くの場合は障害学生支援室などと称する部署にコーディネーターが配置されている。コーディネーターは，配慮の申し出のあった学生の障害の状態や程度と配慮を提供する大学の負担を鑑み，配慮の内容を調整する。聞こえの障害がより重篤な聴覚障害のある学生に対して，大学はノートテイクをする有償ボランティアを配置したり，補聴援助機器を提供することがある。こうした配慮は，大学に有償ボランティアを提供するだけの人的・経済的資源があるか，補聴援助システムなどの物理的資源があるかによって提供の実現可能性が変化する。そこで，障害のある生徒が大学などの高等教育機関に進学する際には，希望する進学先の障害学生支援の状況について尋ね，想定される配慮の範囲と自らの学修方法について検討することが重要である。

　次に，大学での試験に関する配慮について説明する。自閉スペクトラム症は，曖昧な文章表現によって誤解を招いてしまう可能性がある。このため，試験やレポート課題において，意味を取り違えることのないように明確な指示を出すことが教員に求められる。こうした配慮は，学生全体にユニバーサルデザインとして提供されることが多い。また，自閉スペクトラム症は，文字を読んだり書いたりすることに困難のある限局性学習症が同時に認められることがある。この場合には，試験時間の延長が合理的配慮として認められやすい。

　以上述べてきた合理的配慮は，すべての学生が公平に教育の機会を与えられるために提供されるものである。そのために必要な配慮の内容は，障害の程度によって異なる。図5に「EQUALITY（平等）」と「EQUITY（公平）」の違いを示す。図5に示すとおり，平等とは「同じだけの配慮が施されており，個人の特性に応じて配慮を調整していない状態」であるのに対し，公平は「個人の特性に応じて必要なだけの配慮を施している状態」である。平等ではなく公平な条件において，各個人は同じ活動に従事できることが，子どもたちの身長差と野球観戦になぞらえてわかりやすく示されている。

　以上，合理的配慮の調整について，大学での取り組みを例に述べた。学生による配慮の申し出とその根拠となる資料の提示を受け，大学の物理的・人的・経済的状況を勘案しながら合理的な配慮を調整することは，障害の有無によらずすべての学生に公平な学修の機会を提供するために重要であり，また慎重な作業を伴う。このためにコーディネーターが果たす役割は大きいといえよう。

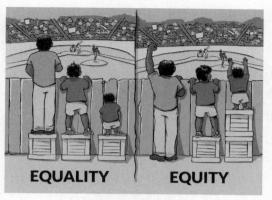

図5　平等と公平の違い

出典：Interaction Institute for Social Change
Artist: Angus Maguire

8.　合理的配慮を獲得するために――自己理解と援助要請

　障害者の当事者研究に従事している医師で，自らも脳性麻痺を患っている熊谷（2021）は，障害者が家族や限られた施設に依存するのではなく，地域にケア資源を分散させることが重要で，それこそが自立であると唱えている。つまり，自立とは一人で踏ん張ることでなく，多様な社会資源に支えられながらバランスを保って生きていくことである。前述のとおり，障害者差別解消法において，合理的配慮の提供は障害のある本人が申請するのが原則である。そこで，障害者が配慮の申し出を通じて援助要請するためには，適切な自己理解が必要となる。

　自閉スペクトラム症を例に挙げて，適切な自己理解と援助要請の必要性について述べよう。親や教育者や支援者が自閉スペクトラム症の子どもを社会に適応させるべく，社会的スキルなどを獲得させようとすることはいうまでもない。しかし，自閉スペクトラム症であるがゆえに社会的スキルの獲得には困難が伴う。そのことへの留意が足りずに偏った訓練主体の対応を続けていると，子どもの内的適応が損なわれ，不安や抑うつが高まったり，不登校やひきこもり状態に陥ったりすることがある（本田，2017）。こうした過剰適応による社会

参加からの逸脱を阻止するためにも，障害のある本人が他者に援助を求める力を培っていくように方向づけていくことが重要である。自閉スペクトラム症と診断された人が，自分の特性や必要な配慮を理解するアプローチ（Aware and Care for my Autistic Traits: ACAT）は始まったばかりであるが，特性理解や社会適応の改善，自らにネガティブなレッテルを貼ることや抑うつ症状の軽減に期待がもたれている（大島，2020）。

9. 共生社会の実現に向けて

　最後に，障害者が地域で自立した生活をするための活動を展開している「べてるの家」の取り組みを紹介する（向谷地・浦河べてるの家，2018）。べてるの家は精神障害のある人の活動拠点で，生活をともにするグループホームやともに働く場を有し，生活支援や就労支援を通じて当事者同士がケアすることを重視している。また，べてるの家のメンバーは医療と連携しながら，投薬治療も必要に応じて行っている。自分の症状や生活の特徴について理解を深める「当事者研究」では，症状に名前をつけたりしながら症状との向き合い方を模索する。症状を捉えて語ることを「弱さの情報開示」，症状がありながらも対処し働くことを「生きる苦労を取り戻す」と表現するなど標語を掲げ，現実的な自己理解と自己開示を繰り返していく。当事者研究の経験の浅い人にとって先輩たちはロールモデルになり，その存在は生きる励みになる。「私たちのことを私たち抜きで決めないで（Nothing about us without us）」は，2006年にWHOが障害者権利条約を採択したときの合い言葉である。べてるの家の取り組みは，この合い言葉さながら障害のある人が現実的な自己理解をし，支え合いながら生きる共生社会の好例といえよう。

[注]

1　本章では，障害とは障害のある本人が害となるものを内包しているのではなく，社会的障壁に直面している状態であると捉え，障害について"障害"と表記する。

2　知的障害を伴わない自閉スペクトラム症は医学的には発達障害に分類されるが（American

Psychiatric Association, 2013)，障害者基本法においては精神障害に位置づけられている。

［文献］

大島郁葉．（2020）．児童思春期の高機能自閉スペクトラム症者および家族に対する認知行動療法を用いた心理教育プログラム「ASD に気づいてケアするプログラム（Aware and Care for my AS Traits; ACAT）」ランダム化比較試験：研究紹介．子どものこころと脳の発達，*11*(1)，55-61.

乙武洋匡．（1998）．五体不満足．講談社．

熊谷晋一郎．（2021）．子どもの育ちとマイノリティ当事者の暮らし．学術の動向，*26*(11)，35-39.

内閣府．（2013）．平成25年版 障害者白書．

本田秀夫．（2017）．大人になった発達障害．認知神経科学，*19*(1)，33-39.

向谷地生良・浦河べてるの家．（2018）．新・安心して絶望できる人生―「当事者研究」という世界―．一麦出版社．

文部科学省．（2002）．通常の学級に在籍する特別な教育的支援を必要とする児童生徒に関する全国実態調査．

文部科学省．（2007）．特別支援教育の推進について（通知）．

American Psychiatric Association. (2013). Diagnostic and statistical manual of mental disorders (5th ed.). DSM-5. Washington, DC: American Psychiatric Association. pp.26-29.

［演習課題1 解説］

①心身機能・身体構造 心身機能には歩行の制限，身体構造には四肢欠損がある．

②活動 移動する，文字を書く，食具やハサミを使う，ドッジボールをする，本を執筆する．

③参加 幼稚園・小学校の通常学級・大学に通う，まちづくりに参加する，作家やタレントとして働く．

④環境因子 愛情を注いで育てる両親，電動車いす，乙武さんを必要以上に援助しない方針を示した担任の先生，ともに学びともに遊ぶ姿勢を貫くクラスメイト，オトちゃんルール，まちづくりの集い，出版社，乙武さんの能力に注目する人々．

⑤個人因子 障害を含めて自分らしさを受け入れる姿勢，周囲の人との関わりをもとうとする姿勢，言葉を巧みに扱う力，バイタリティ．

障害者支援室とは？

　我が国では，障害者権利条約批准後，国内法が整備され，インクルーシブ教育の一環として大学等では障害のある学生に対して障害のない学生と平等な学修環境が保障されている。さらに障害学生支援を全学的に周知させるため，「障害学生支援センター」や「障害学生支援室」（田園調布学園大学では通称サポートルーム：SR）が設置されている。ここでは，田園調布学園大学（以下，本学）のSRにおける支援業務について解説する。

　障害のある学生から配慮について申請があると，学内関係部署が合理的配慮を検討し支援が行われる。支援の内容には「授業・試験」「学生生活の環境調整」「進路相談」などがある。

　対象となる学生は，身体障害，知的障害，精神障害（発達障害を含む）があるか，または難病を含む病弱・虚弱等の学生である。本学では本人申請が原則であるが，意思表明に困難を抱える場合は，保護者とともに担当教員と対話することによりニーズを明らかにしている。「授業」では，大学が認証した「支援スタッフ」の学生がノートテイクなど授業内のサポートを有償ボランティアとして行っている。

　また，SRでは開室日の昼休みにオープンルームを開き，学生の居場所を提供している。コロナ禍から月に1回程度オンラインで開催し，参加は卒業生にも開かれている。夏休みには拡大版として専門領域の教員をコメンテーターに招いてミニシンポジウムを開き，学生発信で相互理解を深めている。

　SR担当者には，障害者差別解消法の精神を踏まえ「不当な差別的取り扱いの禁止」と「合理的配慮の提供」を全学的に確保するために，学内の多様な部署間の調整をするコーディネーターとしての役割がある。また，ICT（情報通信技術）機器に関連する情報収集や社会的障壁の除去に向けて，学内のみならず広く社会資源と連携している。さらにこれからの共生

社会へ向けて最も重要なことは，本学が拠って立つソーシャルワークの視点をもとに，学生の多様性に配慮して，一人の学生も取り残さず自立を支援していくことであると考える。

（辻本すみ子）

第6章
多文化共生の過去と現在

藤森智子

1. はじめに

　今日の社会で「多文化共生」が訴えられて久しい。日本社会でも近年外国から来日した人々をはじめ，さまざまな文化的背景をもつ人々が増え，社会の各領域で共生社会の実現が訴えられている。日本では少子高齢化により労働人口が減少し，外国から労働力を移入する議論が長らくなされてきたが，近年に至って外国から労働者を大々的に受け入れる方向へと政策が転換されてきている。

　今日，なぜ多文化共生が必要になっているのか。本章では過去と現代を比較することで，共同体が存続するうえで不可避的に多文化が共生せざるを得ない状況にあることを，いくつかの事例を通じて明らかにする。

2. 帝国主義の時代と現代の比較

　人々は，かつて各々がそれぞれの居住する場所で生活し，多くはそこで一生を終え，他地域や他国との交易や交流や移民は限られていた。こうした社会では，均質の文化，価値観，あるいは均質の人種や民族によって社会が構成され，各々が別の社会の人々と交わることは稀であった。ところが，1760年ごろ，イギリスで産業革命が始まると状況は変化する。イギリスで始まった紡績や製鉄，蒸気機関等に代表される技術革新は次々とヨーロッパ諸国に伝播し，18世紀末から19世紀を通じて産業革命による工業化と都市化の波がヨーロッパを席捲していった。この世界的な潮流の中で，列強諸国は産業革命により大量生産した製品の販売市場として，植民地の獲得にさらに拍車をかけていった。世界が，支配する側の列強と支配される側の植民地とに分けられていった

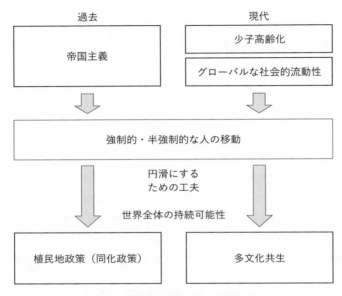

過去　　　　　　　　　　　　　現代

帝国主義

少子高齢化

グローバルな社会的流動性

強制的・半強制的な人の移動

円滑にする
ための工夫

世界全体の持続可能性

植民地政策（同化政策）

多文化共生

図1　人の移動の過去と現代の対比

時期である。列強の世界分割は，19世紀末から20世紀初めごろに最盛期に達し，少数の国々が支配する側に立ったのに対し，大半の国々はそれに支配される植民地や従属国となった。この帝国主義の時代に交通・貿易・通信がめざましく発達し，人，物，情報が盛んに行き来し，グローバリゼーションが進み，世界が一体化した。そしてこの時期にヨーロッパから，新大陸をはじめ海外に多くの移民が渡った。

　図1は，人の移動の過去と現在を対比させたものである。今日も多くの人々が国境や海を越えて移動している。先進国の少子高齢化に伴い労働力として移動する人々があり，また戦争や紛争，あるいは気候変動といった要因により，やむを得ず故郷を離れ移動する人々もある。本人の自由意思というより，強制的・半強制的に多くの移民が生じているといえよう。人類はすでに帝国主義の時代にこのような不可避なグローバリズムを経験している。本節は，図1に則り，過去と現在の人の移動を中心に，帝国主義の時代と現代の状況を対比する。

(1) 過去の移動

　大規模な人の移動は産業革命以降，欧米を中心に起こった。その動きは，た
とえば地方から都市部へといった周辺から中央へ，または地方から地方へと
いった周辺から周辺へと，国内，または海外へと拡大していった。

　たとえば，アメリカ合衆国の事例を見てみよう。今日，合衆国には多様な人
種や民族が暮らしているが，アフリカ系の人々への差別問題が後を絶たない。
黒人であるがために不当な扱いを受けるといったことや，ヘイトクライム（人
種差別などに基づく犯罪）により命の危険に晒されることすらあるという報道に
しばしば接する。そもそもアフリカ系の人々の祖先はどのように新大陸に渡っ
たのであろうか。産業革命より早い時期に世界に進出していたスペイン人は，
16世紀にカリブ海の島々から中南米全域を植民地化し，鉱山やプランテーショ
ンで先住民を酷使した。そのため，先住民の人口は激減し，それを補うために
アフリカからの黒人奴隷を導入した。17世紀から2世紀以上にわたって英仏商
人が支配した大西洋の奴隷貿易は少なく見積もっても1000万人の屈強なアフ
リカ人をカリブ海域や中南米，さらに合衆国の南部に運び続けた。こうした奴
隷として海を渡ったアフリカ系の人々は移民社会の合衆国にあっても，その底
辺に位置づけられ，代々そこから抜け出せない人々が多く存在している。奴隷
制は南北戦争さなかの1863年に廃止されたが，黒人に対する差別はその後も
長く続き，今日なお合衆国の社会にその影を落としている。

　強制的な労働力の移動は，奴隷制に限ったことではなかった。奴隷制が廃止
された後も，工業化が進む諸国の原料・食品の需要は増え続け，それに応じて
鉱山やプランテーションが拡張されたうえに，世界各地での大規模な鉄道敷設
や運河開削工事も新たに安い労働力の大量需要を生み出していた。こうした需
要に応えて，19世紀半ばから，アフリカからの黒人奴隷に代わって世界の労
働力市場に登場したのがアジア出身，とくに中国とインドからやってきた出稼
ぎ・移民労働者クーリーであった。「クーリー」とは，ヒンディ語が語源とい
われるが，中国に伝えられて「苦力（kǔlì：クーリー）」すなわちつらい肉体労
働を意味するものとなり，やがてインド人や中国人労働者が世界各地で働くよ
うになると，僻地で過酷な労働に従事するアジア系の出稼ぎ・移民労働者一般

を指すようになった。インドはイギリスによって植民地化され，商品経済が浸透する中で景気変動，伝統社会の解体が引き起こされた。この変化によりますます貨幣収入を必要とし，あるいは食べていけなくなった下層民衆が流民化して国内を移動し，一部はさらに海外へと出ていった。その結果生まれたのがインド人クーリーであった。中国もまた，イギリスとのアヘン戦争に敗れて1842年南京条約を結び，多額の賠償金の支払いと同時に香港を割譲し，上海，広州等の五港を開港した。中国はその後も列強との戦争に敗戦し，半植民地化する。重税や戦乱の生活苦から農村を離れた中国南部の流民は，広東，香港，マカオ，上海などからクーリーとして海外に出ていった[1]。

　このように奴隷制や，植民地・半植民地化といった強制力を伴う世界的な人の大移動が過去の歴史の一時期に発生しており，こうした労働力を確保することで世界経済が持続されていたのである。

(2) 現代の移動

　今日，世界の各地にアフリカ系の人々やインド系，あるいは華僑といったエスニック・グループが存在するが，その背景にあるのは前述したような主に帝国主義の時代に発生した強制的・半強制的な人々の移動であった。このような強制力を伴う人の移動は，現代でも同様に起こっている。

①少子高齢化

　過去においては，帝国主義の世界構造が人々の大々的な移動を引き起こしたが，今日は少子高齢化とグローバルな社会的流動性がその背景にある。近年，いわゆる先進国で少子高齢化が進行し，社会を維持するための労働力が不足してきた。図2は，日本の1947（昭和22）年から2022（令和4）年までの出生数および合計特殊出生率の推移を表したものである。この図を見ると，戦後の第一次ベビーブーム期（1947〜49年）とその子世代にあたる第二次ベビーブーム期（1971〜74年）に人口が増加しているが，その後は下降していることがわかる。合計特殊出生率も第一次ベビーブーム期に4.3を超えたが，1950（昭和25）年以後，急激に低下し，その後，第二次ベビーブーム期を含めて，ほぼ2.1台で推移していたが，1975（昭和50）年に2.0を下回ってから低下し続け，直近の

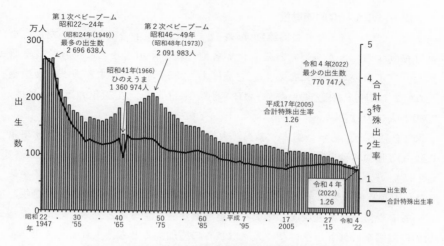

図2　日本の出生数および合計特殊出生率の年次推移

出典：厚生労働省ホームページ

(https://www.mhlw.go.jp/toukei/saikin/hw/jinkou/geppo/nengai22/dl/gaikyouR4.pdf)

過去10年間，1.4から1.3程度を推移している。2022（令和4）年は1.26である。
合計特殊出生率は，一人の女性が生涯に産む子どもの数であり，おおむね一組
の男女から生まれる子どもの数と考えられるので，2.0を上回らない限り，自
然な出産による人口増は望めない。このような出生率の低下は欧米諸国で同様
の傾向にあり，また，韓国や台湾といった近隣の諸外国は近年に至って出生率
の低下が日本より加速度的に進行している。たとえば，2021年の合計特殊出
生率は，韓国は0.88，台湾は0.98で，1.0を下回っている。このように日本を
はじめとした諸外国では，出産に頼ることで人口を増やすことが難しい状況に
なっている。そのため，外国から労働力を確保する以外に共同体を維持する方
法はなく，労働力としての外国人を確保する施策が各国でとられている。こう
した少子化の進んだ国々へ労働力として移動する人々の大半は，かつて帝国主
義のもとに植民地，従属国となった地域の人々である。たとえば，人材が不足
する分野での労働力として日本へ来る外国人の出身地は圧倒的にアジア諸国で
あり，それらは植民地経験をもつ国々である。かつての世界構造が，今日も変
わっていないといえよう。

②グローバルな社会的流動性

　また，グローバルな社会的流動性の例としては，紛争や戦争といった混乱を避け移動することが挙げられる。世界各地で紛争や迫害などにより故郷を離れたり，軍事侵攻などによる人道危機によって移動したりする人々が後を絶たない。UNHCR（国連難民高等弁務官事務所）によると，2022年の難民の数は，2940万人にのぼる。

　図3を見ると，紛争や迫害，暴力，人権侵害，公共の秩序を著しく乱す事象により，強制移動に直面した人の数は近年増加しており，2022年には1億人に達している。これらの難民の半数以上がシリア，ウクライナ，アフガニスタンの3か国からの避難に集中している。ウクライナからの大量の避難民が発生しているように，軍事進攻などによる人道危機が発生することで，このような強制的に故郷を離れざるを得ない人々はさらに増加すると考えられる。また，干ばつや水害などの気候変動により住み慣れた土地を離れざるを得ない人々もある。あるいは，台風やハリケーンの大型化による水害や土砂災害で住む場所を

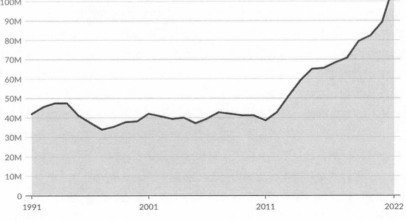

2023年6月14日

図3　故郷を追われた人の数

注：UNHCR グローバル・トレンズ・レポートをもとに作成。縦軸数値のMは million＝100万
出典：UNHCR 日本ホームページ（https://www.unhcr.org/jp/global_trends_2022）

失い故郷を離れざるを得ない人々もある。

　このような事情から生じる人々の移動に伴い，各地では大量の異文化コミュニケーションが発生するようになった。かつては，異民族に対しては支配・被支配の関係に基づく植民地統治を行うことで世界が持続されていたが，今日は，人権，平等といった理念のもと，多文化が共生することで世界が持続されようとしている。理念としての多文化共生が先導したというより，共同体が存続するうえで必要に迫られて多文化が共生せざる得なくなっているといってよいだろう。そして，各国，各地で，多様な人々が共生するための施策や工夫がなされて，現代の不可避的に多文化に移行していく社会を持続させているのである。

3.　日本の歴史的事例

　日本の歴史的事例に目を転じてみよう。ペリーの来航により1854年に鎖国を解き開国した日本は，その後，欧米諸国にならって産業革命を起こし，近代国家の建設に邁進する。江戸時代末期の日本を取り巻く国際環境は，すでに列強による世界分割が始まっていた。隣国であり，長年アジアの国際秩序の中心であった朝貢体制の盟主である中国が，イギリスとの間で勃発したアヘン戦争に敗北し，1842年に締結した南京条約において多額の賠償金と香港などの領土の割譲を強いられたことは，日本のみならず周辺国家に多大な衝撃を与えた。イギリスとの戦争に敗れた中国は，その後合法的にアヘンを輸入することになり，上海などの港には租界と呼ばれる事実上列強の領地と化した地域が出現し，中国は列強の半植民地となっていった。このことが，前節で見たように，大量の労働者，クーリーとしての移民を輩出する契機となった。中国のこのような惨状は日本にとっては他人ごとではなく，江戸幕府では列強の門戸開放の船が到来するのは時間の問題と捉えられていた。はたして，1853年浦賀にペリー提督率いる蒸気船が現れ，日本はその翌年，合衆国との間に日米和親条約（1854年）を締結し開国した。この条約に4年遅れて締結された日米修好通商条約（1858年）は，領事裁判権や関税自主権において不平等な内容を含むものであったが，中国がイギリスに対して賠償金と領土割譲を約した南京条約

と比較すれば，その不平等性ははるかに低かった。そして開国後，日本は近代化に成功し列強からの干渉を防ぎつつ国内を変革していき，ついには対外的に列強と肩を並べるようになった。このため中国人が，アヘン戦争に始まり列強の干渉・分割に遭った近代に一般的に肯定的な印象をもっていないのに対し，日本人の多くは開国に始まる近代に明るいイメージをもっているといえよう。

　植民地にならないことこそが開国後の日本政府の大きな目標であったが，日本は明治維新を経て中央集権的な国家を建設して殖産興業，富国強兵に邁進し，1895年，初めての対外戦である日清戦争に勝利し，清朝から台湾を割譲された。これにより日本は植民地を擁する帝国となり，列強の仲間入りを果たしたのであった。その後日本は，1905年に日露戦争に勝利し，1910年には朝鮮半島を「併合」し，台湾，朝鮮の二大植民地を領有するようになる。大日本帝国内では，この間，日本と台湾，のちに朝鮮や満州，南洋を含めた地域間で大々的な人の移動が起こり，大量の異文化コミュニケーションが生じた。そして「新附の民」にどのように日本語を教えるかといった課題が各地で発生したのである。

　台湾は日本最初の植民地であり，1895年から1945年までの50年間にわたり日本の統治を受けた。領有直後から台湾には総督府が置かれ，植民地政策が敷かれた。そこでは，台湾をいずれ日本と同様にするという「漸進主義」的な同化政策がとられ，当初より日本内地とは別の法体系がとられた。総督に立法の権限が認められた「法律第六三号」（通称「六三法」，1896年）や，当時の日本にはなかったアヘン吸引を条件付きで認める「アヘン条例」（1897年）など，植民地台湾固有の法が敷かれたのであった。

　同化政策の中で最も重要なものの一つは言語である。日本が領有した台湾で初代の学務部長となった伊澤修二は，「小学唱歌」の編纂をはじめとした音楽教育でも知られる著名な人物であり，国家主義的教育観をもっていた。伊澤は台湾の民を日本人同様にする同化主義を唱え，領有直後の接収がいまだ終わらぬ台湾に渡り，台北郊外の士林で近隣の子弟を生徒として日本語をはじめとする教育に着手した。こうした取り組みを受けて，台湾では日本の官の手によって教育制度が整えられていった。その中で台湾総督府は日本語教育を通じて日

図4　旧台湾総督府（現在の台湾総統府。台北市にて筆者撮影）

本精神を育成することを重要政策と位置づけ，台湾人に対する日本語教育が統治50年間にわたり強調された。台湾統治の当初，日本語の普及は初等教育機関での教育を中心に推進されたが，当時の日本の植民地では初等教育が義務教育ではなかったため，就学率が上がらなかった。そこで，総督府は社会教育を利用して日本語の普及を図った。社会教育は1910年代半ばごろから各地で盛んになり，とくに，1930年代になると，台湾各地で「国語講習所」という日本語教育施設が設置された。学校に通わない児童や教育の機会を逸した人々が積極的に「国語講習所」に通ったため，日本語の普及が飛躍的に伸長し，統治末期までに80％近い普及率となった。

　台湾総督府の政策は，台湾人を日本へ同化させることであり，日本語教育は，単に言語を教えるだけでなく，日本精神を育成することが使命とされていた。帝国主義下にあって日本語を学ぶことは，単にホスト社会の言語を学ぶという意味合いだけでなく，同化主義という植民地政策に則り，日本に同化することが前提とされていた。こうした同化政策に代表される植民地統治が帝国主義の世界を持続させる役割を果たしたのである。

　ただし，台湾社会が日本語普及政策をどのように受け止めていたのかは興味深い事柄で，それは統治政策の意図と必ずしも合致していたとはいえなかった。統治者側にとって，日本語普及は日本への同化政策であったが，台湾社会にとっては，日本語を学ぶことにはどのようなメリットがあったのであろうか。まず，日本はアジアでいち早く近代化を達成した国であったので，日本語

を通じて近代知識を吸収することができた。多くの台湾人が日本語を学習したのは，日本人になるためというよりは，日本語を通じて近代知識を吸収することにあった。次に，社会的な利便性が高まるといった実利を求めていたことも指摘される。日本語を習得すれば利便性が高まり，よりよい就職機会が得られるなど，実利が伴っていたのである。さらに，多民族から構成される台湾社会では，日本語が共通語になったという側面もあった。同じ漢族であっても，閩南人と客家人の間には意思疎通の言語がなかった。日本語はその共通語となり，漢族のみならず現在の分類で16族に分かれる先住民族との間の共通言語にもなった。日本語が多民族社会台湾の共通語となったのである。

　このように多くの台湾人にとって，日本語学習の動機は，日本精神の育成という総督府の目的とは違って，実利に結びつく目的が多く存在していたといえよう。その結果，ほとんどの台湾人にとって母語としてのそれぞれの言語は失われることなく，公の場で話す言語，または書き言葉，知識を吸収する言語としての日本語が，「国語」という名で台湾社会に浸透していったのであった。なお，この「国語」は戦後，国民党の支配のもと，北京語（現在の「中国語」）に取って代わられた。このように，日本統治下の台湾では同化政策という植民地政策のもとに日本語普及が図られた。

　植民地支配は肯定されるものではないが，異民族に対する日本語教育の中には今日でも参考になる工夫が凝らされている。台湾社会から母語が消失することはなかったが，日本以外の欧米諸国の植民地では，宗主国の言語を普及させた結果，植民地人民の母語は衰退したり場合によっては消滅したりした。たとえば，中南米に暮らしてきた先住民族の多くは今日，宗主国の言語であったスペイン語やポルトガル語を話し，それぞれの民族に元来あった母語は喪失されているか，日常生活の限られたコミュニケーション上の言葉の一部に制限されている。帝国主義の時代は，植民地統治を行うことで世界の秩序を維持していたため，植民地は宗主国に対して従属的な地位に位置づけられ，その言語や文化も制限されたり抑圧されたりすることが多かったのである。

4. 多文化共生

　帝国主義の時代には，植民地と宗主国の文化は原則として対等ではなかった。多くの植民地では現地の言語や文化が制限されたり抑圧されたりした結果，あるものは衰退し，またあるものは消滅した。宗主国への同化といった植民地統治を行うことで世界全体の構造が持続されていたので，これは当時，当然のこととされた。

　1945年，第二次世界大戦が終結すると，世界は大きく変化した。帝国が解体し，植民地であった地域が次々と独立を獲得していく中で，世界で共有される価値観が大きく変化していった。かつての植民地主義に代わり，人権や平等といった理念が広く普及し，グローバリズムが進行する中で社会や国家を持続的に運営していくために多文化共生が不可避となったのである。本節では，今日の日本社会で多文化共生を生じさせる外国人の現況を概観する。

　近年，日本へは多くの外国人が来訪する。観光客として来日する人々は政府の観光客誘致の政策の後押しもあって増加傾向にあるが，在留資格を得て一定期間滞在する外国人の数も年々増加している。表1は，2022（令和4）年の在留外国人数を表したものである。在留外国人を出身地別に見ると最も人数が多いのは中国であり，その数は74万4551人で，構成比25.1％と在留外国人の4分の1を占めている。次いでベトナムが多く47万6346人，構成比16.1％，3番目が韓国で41万2340人，構成比13.9％である。10位までの国を見ると，8位の合衆国を除いてすべてがアジア，中南米となっている。韓国，台湾は日本の植民地であった地域だが，それ以外も植民地経験，あるいは中国のように半植民地の経験をもつ国々である。

　表2は2022（令和4）年6月末の在留資格を示したものである。最も多い在留資格は「永住者」であり，84万5693人，構成比28.6％である。日本に在留する外国人の4分の1強が永住資格を取得している人々であることがわかる。2番目に多いのは「技能実習」であり，構成比11.1％である。5番目に多い「留学」資格で在留する留学生と合わせて，労働力として大きい部分を占めている。

　図5・図6・図7は外国人労働者を資格別に見たものである。図5・図6を見

表1　在留外国人数（2022〈令和4〉年6月末現在）

順位	国	人数	構成比（%）
1	中国	744,551	25.1
2	ベトナム	476,346	16.1
3	韓国	412,340	13.9
4	フィリピン	291,066	9.8
5	ブラジル	207,081	7.0
6	ネパール	125,798	4.2
7	インドネシア	83,169	2.8
8	米国	57,299	1.9
9	タイ	54,618	1.8
10	台湾	54,213	1.8

表2　在留資格（2022〈令和4〉年6月末現在）

順位	在留資格	人数	構成比（%）
1	永住者	845,693	28.6
2	技能実習	327,689	11.1
3	技術・人文知識・国際業務	300,045	10.1
4	特別永住者	292,702	9.9
5	留学	260,767	8.8

表1・2出典：出入国在留管理庁ホームページ
(https://www.moj.go.jp/isa/publications/press/13_00028.html)

ると，外国人労働者数は常に増加していることがわかる。図6では，2022年時点で，最も多い外国人労働者の在留資格は「身分に基づく在留資格」であり，59万5207人で全体の32.7％を占める。これは日本において有する身分または地位に基づくものであり，永住者，日系人等が該当する。2番目に多いのが「専門的・技術的分野の在留資格」であり，47万9949人で全体の26.3％を占める。これは就労目的で在留が認められるものであり，経営者，技術者，研究者，外国料理の調理師，または後述する特定技能が該当する。

　3番目に多いのが「技能実習」であり，34万3254人で，全体の18.8％を占める。外国人技能実習制度は，1993年に創設された制度で，その目的は日本で

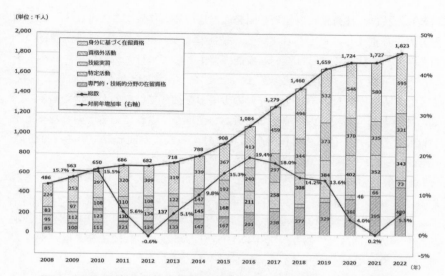

（単位：千人）

図5　在留資格別外国人労働者数の推移（2022〈令和4〉年10月末現在）

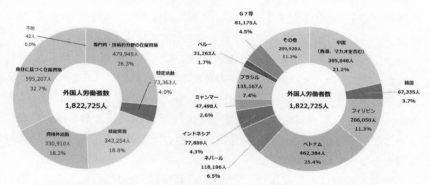

図6　在留資格別外国人労働者の割合
（2022〈令和4〉年10月末現在）

図7　国籍別外国人労働者の割合
（2022〈令和4〉年10月末現在）

図5〜7出典：厚生労働省「外国人雇用状況」の届出状況まとめ【本文】
（https://www.mhlw.go.jp/content/11655000/001044543.pdf）

培われた技能，技術または知識を開発途上地域等へ移転することによって，国際協力を推進することとされている。技能移転が目的なので，5年が滞在の上限とされ，永住することはない。技能実習生として来日するのは中国，ベトナムなどの近隣アジア諸国からが多く，とくに近年ベトナム人が増加している。こうした人々が人材の不足する分野の労働力を補っているのが実情である。一部の技能実習生が厳しい環境下での労働を余儀なくされているといった報道がしばしば見られ，日本の外国人労働者に対する政策が問われている（2023年6月現在，技能実習の廃止が政府有識者会議で提言されている）。

4番目に多いのは「資格外活動」であり，33万910人で，全体の18.2％を占める。これは，本来の在留資格目的である活動以外に就労活動を行うもの（原則週28時間以内）であり，留学生のアルバイト等が該当する。このほか，「特定活動」が7万3363人であり，全体の4.0％を占める。これは法務大臣が個々の外国人についてとくに指定する活動を行うものである。

図7に表されるように，外国人労働者の中で最も多いのがベトナム人であり，全体の25.4％を占めている。次に多いのが中国人で21.2％であり，ベトナムと中国だけで全体の半数近くを占める。日本における外国人労働者は，G7等「先進国」からはわずか4.5％であり，多くがアジア，中南米の国々である。

なお，表2で4番目に多い「特別永住者」は，29万2702人，構成比9.9％であるが，これらの人々は戦前に日本の植民地であった朝鮮（現在の北朝鮮と韓国）および台湾出身の人々に与えられた在留資格であり，多くが朝鮮出身の人々である。帝国主義の世界構造の中で，強制的・半強制的に故郷を離れ移動した人々とその子孫が大半を占める。植民地統治の歴史が今日も人々の生きる場所に影響を与えている例である。

2019年，政府は「特定技能」という在留資格を新たに設置した。これは人材が不足する12の特定産業分野において積極的に外国からの労働者を受け入れるための資格である。12分野とは，介護，ビルクリーニング，素形材・産業機械・電気電子情報関連製造業，建設，造船・舶用工業，自動車整備，航空，宿泊，農業，漁業，飲食料品製造業，外食業等であり，いずれも労働力が不足する分野である。政府はそれまで単純労働外国人は入れないとしていたのでこれは大きな方針転換であるといえる。そのため，「特定技能」は事実上の

移民政策ともいわれ，継続して積極的な議論が必要とされる。

　日本で在留する人々には技術・人文知識・国際業務といった，いわゆる単純労働ではなく，技術や能力を活かして職に就き滞在する人や望んで留学する人もいる。これらは何かに強いられ移動したというわけではないが，よりよい条件，環境への移動という点では，同様にグローバルに一体化した世界の中での移動である。たとえば，近年中国から日本に在留する人々が増加しているが，いわゆる富裕層といわれる人たちがこの中に含まれる。経済的に裕福な人々が日本へ移動する背景には，本国の政治体制やそれに基づく制度下での資産や子どもの養育環境の問題等があり，それらを考慮したうえで移動していると考えられる。よりよい条件へと移動するのは社会のどの層でも起こっていることであり，日本に限らず世界で不可避なグローバリゼーションが進行しているのである。

　現代社会では，このように人々が不可避的に移動しており，その先で異文化コミュニケーションが発生している。持続可能な社会を維持するためには，多文化の共生が不可避になっている。各層，各分野での異文化コミュニケーションの事例が蓄積され，各々の工夫が重ねられることが，今後さらに必要とされる。

5.　おわりに

　本章では，多文化共生の過去と現在を概観した。第2節では，帝国主義時代と現代を比較した。過去の時代も現代も，要因はそれぞれ帝国主義による世界の一体化，少子高齢化，グローバルな社会的流動性と違いがあっても，強制的・半強制的な人の移動が同様に生じていることを指摘した。多くの人々が強制力を伴った不可避なグローバリズムの中で労働力としての移動を余儀なくされ故郷を離れている。世界を維持させるために，帝国主義の時代においては植民地統治が行われ，異民族に対して同化政策等の植民地政策がとられた。現代は，人権，平等といった原理が普及し，不可避的に生じる多文化の状態の中で，共生せざるを得ない状況となっている。そうでなければ共同体が維持できないのであり，理念が先立つというより，そうせざるを得ず多文化共生に至っ

ているといってよいだろう。

　第3節では，過去の事例として，帝国主義の時代の日本の例を検討した。1800年代半ば，欧米列強諸国の世界分割が盛んになりアヘン戦争に敗れた中国が半植民地化される。日本はペリーの来航をきっかけに開国して以来，欧米にならって近代化し，その後中央集権的国家建設を果たした。世界が列強により分割される中で，植民地にならないことが日本政府の大きな目標であり，近代化を推し進めた日本は，転じて植民地を有する帝国の仲間入りを果たす。最初の植民地となった台湾で，日本は同化政策をとり，日本語を台湾人に教え，1945年の統治末期までに高い日本語普及率を達成した。一般的に植民地にあっては，宗主国と現地の言語は同等ではなく，支配・被支配の関係にあり，植民地の言語や文化は抑圧される傾向が強かった。

　第4節では，現代日本社会の外国人労働者を取り上げ，労働者として多くの外国人が在留している現状を，統計をもとに検討した。ことに労働者が不足している単純労働分野の多数の外国人労働者は植民地経験をもつ国々の出身者が多く，かつての帝国主義の構造がいまだに残っていることがうかがえる。在留資格では永住者に次いで多い技能実習は，ベトナム，中国などの近隣アジア諸国出身者が多く，人材が不足する分野の労働力を補っているのが実情である。こうした技能実習生が厳しい環境下での労働を余儀なくされているといった報道がしばしば見られ，日本の外国人労働者に対する政策が問われている。このように不可避なグローバリズムは今日も進行し，今後もますます多文化の状態が進むと思われる。

　現代社会では，このように人々が不可避的に移動しており，その先で異文化コミュニケーションが発生している。持続可能な社会を維持するためには，かつて帝国主義の時代では支配・被支配の関係に基づき植民地統治を行ったが，現代は，多文化の共生が不可避になっている。多様な背景をもつ人々が共生しなければ共同体を維持できない状況下で，各層，各分野での異文化コミュニケーションの事例が蓄積され，各々の工夫が重ねられることが，持続可能な世界を維持するために必要とされる。

[注]

1　労働力の大移動に関しては，木谷（1997）pp.42-53を参照。

[文献]

伊藤　潔.（1993）. 台湾—四百年の歴史と展望—. 中央公論社.

木谷　勤.（1997）. 帝国主義と世界の一体化. 山川出版社.

藤森智子.（2016）. 日本統治下台湾の「国語」普及運動—国語講習所の成立とその影響—. 慶應義塾大学出版会.

第7章
男女共同参画と共生社会（ジェンダー平等）

國見真理子

1. はじめに

　最近SDGsという言葉を耳にする機会が増えている。SDGsは，2015年9月の国連サミットで採択された「持続可能な開発のための2030アジェンダ」に記載された，2030年までに持続可能でよりよい世界を目指す国際目標であり，これは，持続可能な世界を実現するための17の目標（ゴール）と169のターゲットから構成されている[1]。

　SDGsの目標の一つに「ジェンダー平等」（目標5）がある。これは性別にかかわらず平等に責任や権利や機会を分かち合い，あらゆる物事を一緒に決めていくことを意味している[2]。SDGsの前文には「すべての人々の人権を実現し，ジェンダー平等とすべての女性のエンパワーメントを達成することを目指す」とあるように，「ジェンダー平等」の実現はSDGs全体の普遍的目的ともいえる。このように「ジェンダー平等と女性のエンパワーメント」はSDGsの重要なテーマとなっている。

　日本ではSDGs制定前からジェンダー平等を目指す取り組みとして，1999年の「男女共同参画社会基本法」がある。これは男女共同参画社会の形成についての基本理念を明らかにしてその方向を示し，将来に向かって国，地方公共団体および国民の男女共同参画社会の形成に関する取り組みを総合的かつ計画的に推進することを目的とする法律である[3]。ジェンダー平等を目指す男女共同参画社会の実現は，日本にとって21世紀の最重要課題の一つである（同法前文）。しかし，制定から20年以上経過した今日でも，男女共同参画社会の実現は引き続き重要な政策課題である。

　そこで，本章では，SDGsの重要目標の一つであるジェンダー平等についての理解を深めるために，ジェンダー概念について概説したうえで，日本におけ

るジェンダー平等実現のために男女共同参画社会が目指してきた歴史的経緯，そして男女共同参画社会実現に向けて直面している課題について取り上げる。

2. 男女共同参画社会と日本社会

(1) ジェンダー概念とは

「ジェンダー（gender）」とは，一般的には社会的性別と定義されている。人間には生まれついての生物学的性別（sex）がある一方，社会通念や慣習の中には社会によってつくり上げられた「男性像」や「女性像」があり，ジェンダーとはこのような社会的な意味合いでの男性・女性といった社会的区別のことを指すとされている。

ジェンダー概念が注目されるようになったきっかけの一つには，1994年9月にカイロで開催された国際人口・開発会議で採択された行動計画の中で「ジェンダー」という用語が登場したことが挙げられる[4]。その後，「ジェンダー」は1995年9月の第4回世界女性会議で採択された「北京宣言」や「行動綱領」でも多用されるなど，それ以後，一般社会でも広く使用されるようになった。近年ではLGBTQのような性的少数者の性的多様性概念を表現する場合に，「ジェンダー・ダイバーシティ（gender diversity）」という形でジェンダーが用いられるようになるなど，現代のジェンダー概念は拡大する傾向にある（詳しくは本章コラム参照）。

では，次にこのようなジェンダー問題がなぜSDGsの重要課題となったのか，歴史的経緯について見ていこう。

(2) 女子差別撤廃条約

1945年10月，第二次世界大戦のような悲劇を二度と繰り返さないようにするために国際連合（以下，国連）が設立された。主要目的の一つに「人種・性・言語又は宗教による差別なくすべての者のために人権及び基本的自由を尊重するように助長奨励することについて，国際協力を達成すること」（国連憲章第1条3）がある。以降，国連経済社会理事会のもとに設置された人権委員会や女性の地位委員会を中心に，基本的人権の尊重，男女平等の実現について積極的

な取り組みが行われるようになった。

　しかし，これらの努力がなされても女性差別は世界的に存在していたため，1967年の第22回国連総会において「女子に対する差別の撤廃に関する宣言」が採択された。ただし，女性に対する差別は依然として根強く，より有効な措置が必要という認識が強まり，これはその後の女子差別撤廃条約締結の動きにつながっていった。

　女子差別撤廃条約は，1979年の第34回国連総会で採択され，1981年に発効した。これは男女の完全な平等の達成に貢献することを目的に，女性に対するあらゆる差別を撤廃することを基本理念としている。ここでは「女性に対する差別」撤廃のために，締約国に対して政治的および公的活動，ならびに経済的および社会的活動における差別撤廃のために適当な措置をとることを求めている。

　日本は1985年に本条約を批准した。本条約が雇用面での男女平等を保障する法律制定を求めていたため，同年に男女雇用機会均等法が成立し，それ以降，1991年の育児休業法制定，1994年の家庭科男女共修実施や総理府男女共同参画推進本部・大臣官房男女共同参画室の改組設置，ILO（国際労働機関）第156号条約批准，そして1997年の男女雇用機会均等法改正等，男女共同参画に関する法制度や関連体制の整備を着実に進めている。

　このような潮流のなか，1999年の男女共同参画社会基本法の制定はジェンダー平等実現に向けて大きな転機となった。そこで次に，男女共同参画社会のための具体的取り組みについて見ていこう。

(3) 男女共同参画社会

　「男女共同参画社会」（英語表記ではgender equality＝ジェンダー平等）とは，1999年6月23日公布・施行された「男女共同参画社会基本法」を基本法とする日本の社会政策である。これは女性や男性というジェンダーの枠にとらわれることなく，男女それぞれの人権を尊重し，一人ひとりがもっている個性や能力を十分に発揮できる豊かな社会のことを指す。

　その狙いは，男性も女性も意欲に応じてあらゆる分野で活躍できる社会を構築することである。男女共同参画社会推進の背景には，性別に関して法のもと

の平等が保障されている（日本国憲法第14条1項）にもかかわらず，政策・意思決定過程に対する女性参画率の低さ，男女間賃金格差，育児・家事に参画する男性割合の低さといった多くの課題が山積している現実がある。

　男女共同参画社会基本法では，「男女共同参画社会」の5つの基本理念を掲げている（図1）。

　第一は，男女の人権の尊重である。男女が同じように個人として尊重される

図1　男女共同参画社会基本法と男女共同参画社会の関係
出典：内閣府男女共同参画局ホームページ
（https://www.gender.go.jp/about_danjo/society/index.html）

ことで，性別にかかわりなく一人の人間として個性と能力を発揮できるように
していくことが求められている。第二は，社会における制度または慣行につい
ての配慮である。固定的な性別役割分担意識にとらわれず，男女が経済的にも
社会的にも対等に活動できるような社会の制度や慣行のあり方を考えることが
求められている。第三は，政策等の立案および決定への共同参画である。男女
が社会の対等なパートナーとして，あらゆる分野における方針決定に参画でき
る機会を確保する必要がある。第四は，家庭生活における活動と他の活動の両
立である。男女が対等な家族の構成員として互いに協力し，社会の支援も受け
ながら仕事や学習に取り組み，家族としての役割を果たしながら地域活動がで
きるようにすることが求められている。第五は，国際的協調である。男女共同
参画づくりのために，国際社会とともに歩むことも大切である。男女共同参画
関連の各種契約や国際会議の議論等について周知徹底し，他の国々や国際機関
との相互協力が求められている。

　そこで，以下では男女共同参画社会実現に向けた法整備がなされてから，日
本社会ではどのような変化があったのかについて，ジェンダー平等の観点から
見ていこう。

3. 男女共同参画社会の実現と日本の現状

　日本で「男女共同参画社会」が定義づけられて以降20年が経過した今日に
おいても，ジェンダー平等を志向する男女共同参画社会の実現目標が十分達成
されたとはいまだいえない状況にある。

　SDGsの目標達成度の国際比較調査によれば，「ジェンダー平等」（目標
5）に関する日本の達成水準は十分な状況ではないと厳しい評価がなされてい
る。SDGsの達成度・進捗状況に関する2022年版『持続可能な開発報告書
(Sustainable Development Report 2022)』によれば，日本の総合順位は163か国中
19位（79.6ポイント）であった。これはベルギーとポルトガルの間に位置づけ
られる。日本が先進国内で最低レベルと評価された一因には「ジェンダー平
等」（目標5）の課題が挙げられる。目標5の進捗状況や達成度に関してはゆる
やかな改善傾向は見られるものの，国会議員の女性議員数やジェンダー賃金格

表 1　全体と分野別で見た日本の GGI 過去 3 年比較

分野	GGI スコア（2022）	GGI スコア（2021）	GGI スコア（2020）
総合	0.650（116位）	0.656（120位）	0.652（121位）
政治	0.061（139位）	0.061（147位）	0.049（144位）
経済	0.564（121位）	0.604（117位）	0.598（115位）
教育	1.000（1位）	0.983（92位）	0.983（91位）
健康	0.973（63位）	0.973（65位）	0.979（40位）

出典：WEF, The Global Gender Gap Report 各年版より筆者作成

差の問題が依然として深刻な状況にあることなど多くの課題があり，取り組み強化が必要と指摘されている[5]。

　ジェンダー平等に関しては，世界経済フォーラム（World Economic Forum: WEF）[6]が毎年『ジェンダーギャップ報告書』（The Global Gender Gap Report: GGGR）を公表している。GGGR では各国の男女格差を測るジェンダーギャップ指数（Gender Gap Index: GGI）を発表している。計測の指数は，「経済」「政治」「教育」「健康」の 4 分野のデータから作成され，GGI ＝ 0 が完全不平等で 1 が完全平等を示している。

　2022 年版 GGGR[7]によれば，日本の GGI 総合スコアは 0.650（前年は 0.656）と若干後退したものの，全体順位としては 146 か国中 116 位であった（表1）。

　これは西アフリカのブルキナ・ファソ（0.659）やインド洋の島国モルディブ（0.648）とほぼ同様の状況で，先進国の中では最低レベル，アジアの中でも韓国や中国，ASEAN 諸国よりも低い順位である[8]。

　日本のジェンダーギャップ指数は総合順位では低位に沈んでいるが，対象 4 分野別に分けた場合，状況は大きく異なる。「教育」分野は 1.000（1 位）に前進し，「健康」分野は 0.973（63 位）と前回前後のスコアと，これら 2 分野に関しては男女共同参画社会が一定程度進展してきたといえよう。しかし，いまだ課題があるとの指摘もあり[9]，ジェンダーギャップ解消については慎重な評価が必要である。

　これに対し，「経済」および「政治」分野の GGI スコアは 0.564 および 0.061 と低位に沈んでいる。「経済」の順位は 121 位と前年より後退したのに対し，「政治」の順位は 139 位とわずかに上昇したが，スコア自体は前年と同じで

ある。

　このように日本はジェンダーギャップ指数の中で「政治」や「経済」の女性リーダーの少なさが低順位の主要な要因となっているといえる。そこで，男女共同参画社会実現のボトルネックとなっている「政治」と「経済」分野のジェンダーギャップの課題について見てみよう。

（1）政治分野

　2021年10月31日に実施された第49回衆議院議員総選挙では，ジェンダー平等は各政党の政策論点の一つとなった[10]。この選挙は，男女の候補者数をできる限り均等にするよう政党などに求める「政治分野の男女共同参画推進法」成立後，初めて行われた衆議院議員選挙であった。

　ところが，選挙結果を見ると自民党の安定多数政権が引き続き実現し，女性議員比率は前回の10.1％から0.4ポイント減少し9.7％となり，女性議員数自体が減少した。内閣閣僚に占める女性議員数は3名（さらに，2022年8月に実施された岸田首相のもとでの第一次改造内閣では女性閣僚は2名に減少。第二次改造では女性閣僚を増員したが，依然として少数にとどまる）であり，これはG7では最低レベルである[11]。

　また，この衆議院議員総選挙と合わせて，最高裁判所裁判官に対する国民審査が実施された。これはすでに任命されている最高裁判所裁判官を国民が審査する解職制度である。審査の結果，全員が信認されたが，15名の最高裁判所裁判官のうち女性は2名（13.3％）である。歴代187名の最高裁判所裁判官（現在の15名を含む）経験者のうち，女性はわずか8名（4.3％）である[12]。出身分野では，行政官や外交官出身4名，弁護士出身3名，学者出身1名。これに対し裁判官と検察官（検事）出身者は0名であり，男性の最高裁判所裁判官に裁判官や検察官出身者が多く在籍していたことと対照的である。

　他方，裁判官・検察官・弁護士という法曹三者に占める女性割合は着実に増加しており，女性比率は裁判官20.7％，検察官（検事）22.9％，弁護士18.3％となっている[13]。しかし，「憲法の番人」とも称される最高裁判所裁判官の女性比率は過去最高の3名（20％）から現在は2名（13.3％）に後退するなど，ジェンダー平等に対して鋭敏なセンスを発揮することが求められる司法分野のリー

ダーの女性比率が依然少数にとどまっているという現状は，男女共同参画社会推進のうえで大きな課題である[14]。

　以上のように日本では男女共同参画社会の実現目標を明確化してから20年が経過した今日も，国家権力の中心にある立法・行政・司法の三権のリーダーを務める女性比率はきわめて少数であり，依然としてジェンダーギャップが大きいのが現状である。

(2) 経済分野

　「経済」分野も，政治と同様に日本のGGIスコアは国際比較では低位に置かれている。ここでは，経済分野のジェンダーギャップの観点から，女性の置かれている社会状況について見てみよう。

①雇用面でのジェンダーギャップ

　2012年に発足した第二次安倍政権下で「すべての女性が輝く社会づくり」のスローガンのもと，労働現場における女性活躍推進のための政策が進められることになった[15]。これは，労働の場面で活躍したいという希望をもつ女性がその個性と能力を十分に発揮できる社会を実現するための施策であり，第二次安倍内閣の最重要政策の一つであった。その背景として，少子高齢化に伴い日本社会の労働者不足の加速化が見込まれるため，労働力として女性の潜在的能力の活用が求められてきたことや，産業構造の変化で多様な人材を活用していく機運が高まってきたことがある。

　このように，日本社会の構造変化に応じて女性活躍が社会で広く求められるようになってきたことで，女性の社会進出を妨げてきた社会的障壁の課題は少しずつ改善されてきている。その結果，さまざまな制度を活用しながら働き続ける女性労働者の割合は着実に増加している。かつては多くの労働現場で一般的であった結婚や子育てを理由に離職する女性比率は急激に減少している。女性の年齢階級別労働力率で見た場合，離職率の高かった子育て世代を底とするM字カーブ型から，近年は先進諸国で見られるように多くの女性が結婚・育児をしながら働き続ける台形に近づきつつある（図2）[16]。

　他方で，男女別の雇用内容を見た場合，女性労働者は圧倒的に非正規雇用比

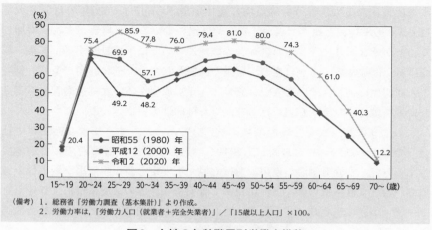

図2　女性の年齢階層別労働力推移

出典：男女共同参画白書 令和3年版

率が高いことが特徴である。非正規雇用比率を見ると，女性54.4％に対して男性22.2％となっている。女性の場合は年齢層が上がるにつれて非正規雇用労働者の割合が高くなる傾向にある[17]。

　さらに，不本意に非正規の雇用形態に就いている者については，2020年の内閣府調査によれば，女性118万人に対して男性112万人となっており，女性は15〜24歳の若年層が最も高くなっている。ちなみに男性は45〜54歳が最も高くなっている[18]。このことから，女性の場合，教育課程修了時の就職活動で正規雇用職を得られなかった可能性が男性に比べて高い一方で，男性の場合は就業先の倒産やリストラ等で非正規雇用になった可能性が高いことが推察される。

　非正規雇用は景気の調整弁のような業務を担当せざるを得ないことが多く，会社都合や景気状況によって解雇されやすいなど経済的に不安定であり，社会的に弱い立場に置かれているのが一般的である。2020年に世界を襲ったコロナ禍は私たちの日常生活を一変させたが，社会的に弱い立場に置かれた人々に最も深刻な打撃を与えた。厚生労働省の2021年度版の自殺対策白書によれば，2020年は働く女性の自殺者が顕著に増加した[19]。その要因に新型コロナウイ

ルス感染症の拡大に伴う労働環境の変化が挙げられる。2020年の自殺者数を過去5年の平均値と比べた場合，女性では働いている人の自殺が大幅に増加したことが浮き彫りになった。自殺者の職種については事務員やサービス業，販売店員，医療従事者らが目立つ。原因や動機としては，勤務問題が多く，職場の人間関係に苦しんでいた人が目立つ。非正規雇用が多い女性労働者の不安定な就労環境にコロナ禍が追い打ちをかけた可能性も指摘されている[20]。

このように第二次安倍政権のスローガンであった「すべての女性が輝く社会」のもと，政府の推進政策にも後押しされ，女性労働者の活躍機会が増加した一方で，女性労働者の雇用形態は立場が不安定な非正規雇用が過半数を占めている。女性労働者は，男性に比べて育児や介護等の家庭事情により仕事をセーブ・中断・退職せざるを得ないことが多いのは依然として大きな社会的課題である。

②経済リーダーのジェンダーギャップ

日本では女性労働者が企業の幹部職員や役員といった経済分野のリーダーに就く割合が現在も少数にとどまっていることは，男女共同参画社会実現に向けた大きな課題といえよう。

組織のリーダーである経営幹部・役員は圧倒的に男性優位の状況にあるが，「男女共同参画社会」実現に向けて政府主導で積極的な働きかけが行われるようになった結果，2012年から2020年の8年間で上場企業の女性役員数が約4倍に増加し，ジェンダー平等を志向する動きは着実に広がっている。

その一方，合理的理由もなく女性役員がいないもしくはきわめて少数である日本企業は依然として多く，上場企業における女性役員割合はわずか6.2％にすぎない[21]。

さらに職場のジェンダー・ダイバーシティが進んでいない日本企業の閉鎖性は，企業の国際競争力の低下にも影響しているのではないかという指摘もある[22]。現在，世界的にESG投資の動きが高まっており，そこには「ジェンダー」課題に対する企業の経営姿勢も密接に関係している。ESG投資とは，環境（Environment），社会（Social），ガバナンス＝企業統治（Governance）の3要素に配慮している企業を重視・選別して行う投資手法である。環境とは地球

温暖化対策や生物多様性の保護活動，社会とは人権への配慮や地域貢献活動，ガバナンスとは法令遵守，社外取締役の独立性，情報開示といった点が重視されている[23]。

　ESG投資の視点は，気候変動などを念頭に置いた長期的なリスクマネジメントや，企業の新たな収益創出の機会を評価するベンチマークとして，国連のSDGsと合わせて注目されている。欧米を中心にESGの3要素を配慮する企業に積極投資を行うESG投資を通じて企業活動を支援する動きが広がった。年金基金などの多額の金融資産を超長期で運用する機関投資家を中心に，企業経営の持続可能性を評価する概念が普及してきている。日本でも投資にESGの視点を組み入れることを原則として掲げる国連責任投資原則（PRI）に，年金積立金管理運用独立行政法人（GPIF）が2015年に署名したことを受け，ESG投資を採用する動きが生じてきている[24]。最近はESG投資の対象先として，女性雇用を積極化し女性活躍推進を進める企業がジェンダー平等や多様性の尊重といった社会（Social）面から肯定的に評価されるようになってきている[25]。

4．考察

　日本では教育や健康面での女性活躍は先進的な状況になってきているにもかかわらず，政治や経済における女性活用は大きく後れをとっている。日本は韓国と並んでOECD（経済協力開発機構）の中でも低い順位に沈んでいる。政治面では女性の国会議員数，最高裁判所や内閣閣僚に女性メンバーが圧倒的に少ないこと，経済面では女性雇用の過半数は立場の弱い非正規雇用であること，一流企業ともいえる東京証券取引所の一部上場企業レベルでは女性役員が一人もいない会社がいまだ多く存在していること等が挙げられる。

　これらの事象は，いまだ日本の社会風土としてジェンダー平等を阻む社会的障壁が存在していることを示している。そのため，SDGsのジェンダー平等目標達成のために，今後も女性活用に対する努力が継続的に求められていくであろう。

　他方，日本国憲法が保障する「法の下の平等」（第14条1項）のもと，ジェンダー平等は社会の中で着実に進んできた。全国の公立高校の中で唯一男女別定

員制度が残っていた都立高校でも，2022年度入試から男女別定員を段階的に廃止するなどジェンダー平等の潮流は着実に進行している[26]。今後SDGsの考え方が社会で浸透していき，ジェンダー平等に着目したESG投資が増えることで，日本企業の閉鎖的なカルチャーが変化していくきっかけになることが期待されるところである。2022年度から開始された高等学校教育課程における金融教育は，将来の社会を担う若者たちにESG投資に対する関心を高め，将来自分が活躍する場所において，ジェンダーギャップの少ないフラットな社会の発展を支援していくことにもつながる可能性がある。

演習課題

Q1：女子差別撤廃条約とはどのような条約か説明しなさい。

Q2：ジェンダー平等を目指すうえで日本の課題とは何か，具体的に述べなさい。

Q3：SDGsの中でジェンダー平等を志向する目標5の6つのターゲットについて述べなさい。

（解答例は115頁）

[注]

1 国際連合広報センター。SDGsの掲げる具体的目標については，國見（2021）参照。

2 内閣府（2020）p.4。

3 内閣府男女共同参画局ホームページ。

4 石渡（2021）p.4。

5 Sachs, Lafortune, et al. (2022) p.253.

6 WEFはグローバルかつ地域的な経済問題に対処するための政治・経済・学術等の各分野における指導者層の交流促進を目的とした独立・非営利団体である。WEF主催の「ダボス会議」は幅広い分野のビジネス・リーダーおよび政府・国際機関のリーダー，メディア・リーダー，著名な学者等，各国の要人が参加しており，この会議でのリーダーの発言は世界的に注目を浴びることも多く，GGGR以外にも「競争力報告書」「貿易円滑度報告書」といった多くの比較調査結果を発表している。詳細はWEFのホームページ参照。

7 World Economic Forum (2022) pp.208-209.

8　内閣府男女共同参画局ホームページ。

9　石渡（2021）。

10　朝日新聞デジタル（2021/10/27）。

11　日本経済新聞（2021/11/02）。

12　裁判所，最高裁判所判事一覧表。

13　内閣府男女共同参画局（2017）。裁判官については2015年12月現在，検察官（検事）は
　　2016年3月末現在，弁護士は2016年9月末現在の数字である。

14　東京新聞（2021/03/08）。

15　首相官邸ホームページ。

16　内閣府男女共同参画局（2021）。

17　同上。

18　同上。

19　厚生労働省（2021）p.2。

20　東京新聞（2021/11/06）。

21　内閣府男女共同参画局。女性役員情報サイト（東洋経済新報社「役員四季報」調べ）。

22　職場の多様性と国際競争力に関する分析例として，たとえば，李（2013）などがある。

23　國見（2021）。

24　同上。

25　橋爪（2017）。

26　時事ニュース（2021/09/24）。

［文献］

朝日新聞デジタル．2021/10/27．地方議会，女性議員の声が施策推進も　国政に問われる
　　ジェンダー平等．https://news.yahoo.co.jp/articles/944019346f771979d722b51c2c71ef5c4e
　　84a814．2022年8月8日アクセス．

石渡裕子．（2021）．我が国におけるジェンダー平等教育の現状と課題．国立国会図書館調査
　　及び立法考査局編．レファレンス，*71*(10), 1-23.

國見真理子．（2021）．SDGsと市民社会に関する一考察．田園調布学園大学教職課程年報，*4*,
　　17-28.

厚生労働省．（2021）．令和3年版自殺対策白書．https://www.mhlw.go.jp/stf/seisakunitsuite/
　　bunya/hukushi_kaigo/seikatsuhogo/jisatsu/jisatsuhakusyo2021.html．2022年10月8日ア
　　クセス．

国際連合広報センター．2030アジェンダ．https://www.unic.or.jp/activities/economic_
　　social_development/sustainable_development/2030agenda．2022年8月8日アクセス．

裁判所．最高裁判所判事一覧表．https://www.courts.go.jp/saikosai/about/saibankan/

hanzi_itiran/index.html. 2021年11月4日アクセス.

時事ニュース. 2021/09/24. 都立高の男女別定員，廃止へ　全国で唯一，合格最低点に差—東京都教委.

首相官邸. (2014). すべての女性が輝く社会づくり本部. https://www.kantei.go.jp/jp/headline/brilliant_women/index.html. 2021年11月8日アクセス.

自由国民社. (2022).「現代用語の基礎知識」選　ユーキャン　新語・流行語大賞　https://www.jiyu.co.jp/singo/. 2022年8月8日アクセス.

東京新聞. 2021/03/08. 最高裁判事15人のうち女性は2人だけ　司法の場にもジェンダー平等を　元最高裁判事の桜井龍子さん（記者：砂本紅年）. https://www.tokyo-np.co.jp/article/90096. 2022年8月8日アクセス.

東京新聞. 2021/11/06.〈社説〉働く女性の自殺　苦境見逃さぬ支援こそ. https://www.tokyo-np.co.jp/article/141246. 2022年8月8日アクセス.

内閣府. (2020). みんなで目指す！ SDGs×ジェンダー平等. 男女共同参画推進会議.

内閣府. (2018). 機関投資家が評価する企業の女性活躍推進と情報開示. https://www.gender.go.jp/policy/mieruka/company/pdf/30esg_research_02.pdf. 2022年8月8日アクセス.

内閣府男女共同参画局. (2017). 様々な分野における女性参画. 男女共同参画白書　平成29年版. https://www.gender.go.jp/about_danjo/whitepaper/h29/zentai/html/honpen/b1_s01_03.html. 2022年8月8日アクセス.

内閣府男女共同参画局. (2021). 就業をめぐる状況. 男女共同参画白書令和3年版. https://www.gender.go.jp/about_danjo/whitepaper/r03/zentai/html/honpen/b1_s02_01.html. 2022年8月8日アクセス.

内閣府男女共同参画局. 配偶者からの暴力被害者支援情報. https://www.gender.go.jp/policy/no_violence/e-vaw/law/01.html. 2022年8月8日アクセス.

内閣府男女共同参画局総務課 (2021). 共同参画，5月号. https://www.gender.go.jp/public/kyodosankaku/2021/202105/202105_05.html. 2022年8月8日アクセス.

内閣府男女共同参画局. 女性役員情報サイト. https://www.gender.go.jp/policy/mieruka/company/yakuin.html. 2022年8月8日アクセス.

中村真由美. (2020). 司法制度改革は弁護士のジェンダー差を改善したのか？　日本労働研究雑誌, *62*(9), 68-77.

日本経済新聞. 2019/11/12. 高校家庭科で「投資信託」　22年4月から授業. https://www.nikkei.com/article/DGXMZO51840730W9A101C1000000/. 2021年11月8日アクセス.

日本経済新聞. 2021/11/02. 衆院選当選者の女性比率，9.7%に低下　識者に聞く. https://www.nikkei.com/article/DGXZQOFE2219T0S1A021C2000000/. 2021年11月8日アクセス.

日本銀行. (2020). 2020年7-9月期の資金循環統計.

橋爪麻紀子. (2017). ESG投資を通じた女性活躍推進. 日本総研. https://www.jri.co.jp/

page.jsp?id=30955. 2022年9月20日アクセス.

文部科学省. (2018). 高等学校学習指導要領（平成30年告示）解説.

李洙任. (2013). 日本企業のグローバル化における現状と課題—多様性の重視と共生的経営の実現に向けて—. 龍谷大学経営学論集, *53*(1), 60-75.

Global Sustainable Investment Alliance (GSIA). (2020). The Global Sustainable Investment Review 2020. http://www.gsi-alliance.org/wp-content/uploads/2021/08/GSIR-20201.pdf. 2022年8月8日アクセス.

Sachs, J., Lafortune, G., et al. (2022). *Sustainable Development Report 2022*. Cambridge University Press.

World Economic Forum. About our mission. https://www.weforum.org/about/world-economic-forum. 2022年7月8日アクセス.

World Economic Forum. (2022). Global Gender Gap Report 2022, Insight Report July 2022. https://www3.weforum.org/docs/WEF_GGGR_2022.pdf. 2022年7月8日アクセス.

［演習課題解答例］

A1：国連の条約である。これは1979年の第34回国連総会で採択され，1981年に発効した。日本の批准は1985年である。これ以後，女性差別撤廃のための各種の国内法が整備されるようになった。

A2：政治と経済分野の課題が顕著である。政治面では，女性国会議員の少なさはもちろんのことだが，女性閣僚が依然として少数にとどまっている。経済面では，上場企業の女性役員の少なさ，男女間賃金格差，女性労働者は非正規雇用が多いことなど女性を取り巻く差別的な労働課題は根強い。

A3：目標5：ターゲットの内容として，以下のようなことが挙げられる。

5-1　すべての女性と女の子に対するあらゆる差別をなくす。

5-2　女性や女の子を売買したり，性的にまたその他の目的で一方的に利用することを含め，すべての女性や女の子へのあらゆる暴力をなくす。

5-3　子どもの結婚，早過ぎる結婚，強制的な結婚，女性器を刃物で切り取る慣習など，女性や女の子を傷つけるならわしをなくす。

5-4　お金が支払われない家庭内の子育て，介護や家事などは，お金が支払われる仕事と同じくらい大切な「仕事」であるということを，それを支える公共のサービスや制度，家庭内の役割分担などを通じて認めるようにする。

5-5　政治や経済や社会の中で，何かを決めるときに，女性も男性と同じように参加したり，リーダーになったりできるようにする。

5-6　国際会議で決まったことに従い，世界中の誰もが同じように，性に関することや子どもを産むことに関する健康と権利が守られるようにする。

コラム

ジェンダー・ダイバーシティ

　今日のジェンダー問題は，ジェンダー平等のみならず性的少数者の問題としても認識されるようになっている。性的少数者はLGBTQと総称されることがあり，これはレズビアン（Lesbian）＝女性同性愛者，ゲイ（Gay）＝男性同性愛者，バイセクシュアル（Bisexual）＝両性愛者の3つの性的指向，そしてトランスジェンダー（Transgender）＝出生時の性別と自認する性別の不一致者，クエスチョニング（Questioning）＝自分の性別を決められない者を指すとされている。

　性的少数者が直面する社会的課題の一つが婚姻関係である。日本国憲法第24条では「両性の合意のみに基いて成立」（同1項）するとされ，現在の婚姻制度は異性婚を前提としている。これに対し，性別を問わず結婚できることを求める「同性婚訴

2015年11月，渋谷区が全国に先駆けて開始したパートナーシップ制度のもとで発行される渋谷区パートナーシップ証明書の例

出典：渋谷区「渋谷区パートナーシップ証明　発行の手引き」（https://files.city.shibuya.tokyo.jp/assets/12995aba8b194961be709ba879857f70/3e56d31a0c244a5b9b11a0ec4c0f408b/assets_com_partnership_guide.pdf）p.14

訟」が2019年に全国5か所の裁判所で始まった。2021年3月の札幌地裁判決は原告側の請求を棄却したものの，「法の下の平等」を定める憲法第14条に照らし，同性婚を認めないのは「合理的根拠を欠く差別」であるとして違憲と判断した。他方，2022年6月の大阪地裁判決は同性婚を認めない

のは合憲と初めて判断し，原告側の請求を棄却した。憲法第24条では「異性間の婚姻のみを指し，同性間の婚姻を含まないと認めるのが相当」とし，個人の尊厳の観点から同性カップルにも公的な承認を受ける権利はあるが，同性婚を認める法整備がされていない点は「将来的に違憲となる可能性はある」としつつも国民的議論が尽くされていないとして，民法や戸籍法の規定は合憲と判断するなど，司法判断は分かれている。

　なお，性的少数者の婚姻関係の不都合解消のために，自治体レベルで「パートナーシップ制度」導入が進んでいる。2015年に同性カップルを結婚相当関係と認める「パートナーシップ証明書」を発行する東京都渋谷区の条例が制定されて以降，全国各地に同様の制度制定が相次ぎ，全国223自治体（2022年7月1日現在）で3100組以上のパートナーシップ交付を受けたカップルが存在する。

第8章
共生社会学の予見的考察

藤原亮一

1. はじめに

　共生や共生社会という社会学概念は手元の社会学辞典にはない。日本社会学会やアメリカ社会学会にも共生研究の部会は存在しない。しかし福祉や教育分野の研究者の間では共生社会は20年も前から議論されてきたという。「社会学者の社会知らず」という目を筆者に向けている同僚もいるような気がした。共生あるいは共生社会という言葉に社会学者が心を動かさなかったのはなぜだろうか。その理由は学問としての社会学の誕生の経緯に関係があると筆者は考える。共生研究と社会学には関係があることをまず理解していただきたい。そこで「3. 共生研究の現状」に先立ち，「2. 岐路の社会学」において社会学の成立と発展の経緯を総括したい。

2. 岐路の社会学

　社会学の創始者コント（A. Comte, 1798-1857）の偉大さは，この新しい学問の目標と方法を力強く示したことにある。フランス人の彼はsociologieと名づけたが，これはギリシャ語のsociusとラテン語のlogosを組み合わせてつくった言葉である。sociusはつながりや仲間を，logosは理由・根拠などを意味する。社会学は人々のつながるわけ，仲間になる理由を問う学問として誕生する。市民革命におけるフランス人同士の殺戮の悲惨を経験したコントの思いが社会学には込められている。一方で，イギリスに端を発した産業革命は人々の生活における物質的な豊かさを実現する。実験や観察によりデータを集め，エビデンスに基づいて結論を出す実証主義の方法が産業革命を成功させたのである。コントは社会学においても実証主義的な研究法が有効であると結論づけた。

人々のつながりを問う社会学のテーマは今も生き続け，今日までにさまざまな概念や理論が生み出されている。たとえば，集団や組織，規範や社会関係，社会システム論，構造主義や機能主義，世界システム論，象徴的相互作用論，現象学的社会学，公共性論，エスノメソドロジー，グローバリゼーション論などである。これらの用語は現象の実態を明らかにしたり，現象を構成する要因間の相関関係を説明するが，社会は人々から独立して存在するとみなす社会実在論，もしくは人々の意識や相互作用の産物が社会であるとみなす社会唯名論のいずれかの社会観を前提にしている。つながり以外の研究テーマについても社会学者はこうした社会観を前提にして実証的に研究を進めている。

　実証主義の説明にはワラス（W. Wallace, 1927-2015）のモデルが適している。彼によれば実証主義の研究法は，理論，仮説，観察，そして経験的一般化の4つの要素で構成される。本章コラムの図を参照していただきたい。

　研究は時計回りに進むことと演繹的方向および帰納的方向に分けられるのが特徴である。演繹的研究とは，12時の普遍的理論から個別具体的な仮説を導き出し観察に進む方向である。帰納的研究とは，6時の観察から出発して9時で経験世界を可視化，現象の規則性などを明らかにして，背後にある因果関係の立言を理論で目指す流れになる。図にある操作化や尺度化についてはのちほど触れることにする。

　本節の見出しは「岐路の社会学」である。岐路とは分かれ道や将来に関わる重大な局面の意味がある。将来の社会学に大きな変化が起こる可能性を指摘してこの節を終えたい。コラムの図で6時にあたる観察であるが，人々の特徴を質的側面と量的側面に分けて観察するのが原則である。質的特徴はフィールドワークに代表される質的調査法を，量的特徴には質問紙による量的調査法を用いる。これは社会調査法の基礎であり実証研究のはじめの一歩である。数値で表される量的データと数値以外の質的データは扱いが異なる。尺度化と測定に問題があり，信頼性，妥当性，そして代表性も同じように処理できない。つまり特徴が相互に排他的なのではなく，観察と分析の技法が未熟だからである。

　しかし現代では，脳科学の発達により質的な心の動きも数値化され量的特徴として把握することが可能である。生成型AI（人工知能）は数字も文章も音声・画像さえもデータとして統合的に分析できるという。実地にあたり現場を

検証するという実証主義の前提が覆されつつあると感じる。また，社会学はフランス発祥であり，主としてヨーロッパやアメリカの学問として発展してきた。人々のつながりに関わる概念用語も日本の社会学者の手になる言葉は一つもないように思われる。西洋発の理論を日本社会の観察に無条件に応用することで正しい結果を導き出せるのであろうか。たとえば，1950年代のアメリカ社会の観察から生まれた他人指向型の社会性格論は，21世紀の日本人の分析に役立つかという問題である。グローバリゼーションへの反動によるグローカリゼーション意識の広がりと高まりを背景として，地域社会発のジェンダーや障がい当事者によるアクション・リサーチも増加傾向にあるようだ。

　これからの社会学には実証主義の再帰的定義，新実証主義とでもいうべき方法の確立が必要であろう。脳科学，古代ゲノム学，人新生やマイクロバイオームの最新研究などがワラスの実証主義モデルを否定しつつある。また，コント以来の西洋発の概念や理論のすべてが近代社会の研究に等しく応用できるとする前提も疑う必要がある。近代化に成功した多くの社会がグローバリゼーションにより平準化される。しかし，近代に至るプロセスは古来の伝統や文化の違いにより異なる道程を経ている。近代化以前の人々の研究は人類学や考古学，近代以降の研究は社会学という線引きは共生研究の妨げにしかならない。

　21世紀の現代社会は，科学技術と産業主義，合理主義，資本主義の経済メカニズム，政治における民主主義など，さまざまな思想や制度が機能不全に陥っている。1950年代以降に現れた人新生の地層は地球の滅びを啓示している。フラー（B. Fullar, 1895-1983）が「宇宙船地球号」により人類と自然の共生の必要性を説いたのは1963年である。国家や学問の境界を越えた知の結集が必要であると説いた彼に耳を傾けた人は何人いたのであろうか。宇宙船からは誰も何も逃げられない。人も自然もつながる，つなげる論理を再帰的に問う必要がある。未来へとつながる方途が求められている。

3. 共生研究の現状

　共生は「共に生きる」ことであり，人々のつながりを意味している。このように解釈すれば，共生研究は先に見たコント社会学のテーマに重なるであ

ろう。西洋発のいくつかの概念や理論を日本の共生研究に応用できるかもしれない。一方で，共生とは日本古来の歴史や文化によって培われた感じ方，考え方，あるいは行動の様式であり，共生を日本独自の研究テーマとみなす立場もある。これらの研究者は共生を"kyosei"とローマ字表記にしている。「わび」「さび」「もののあはれ」と同様に，日本固有の美意識，自然観，人間観の表象であり，古典にまで遡っての研究が必要だという。

この節では共生研究の現状について日本の研究者の資料をもとに考察していく。資料の検索には国立情報学研究所が運営する図書，雑誌，学術論文のオンライン検索システムCiNiiを使用した。キーワードは「共生」であり，2018年から2022年8月までの絞り込み検索を実施し，資料11本が見つかった。資料の内訳は，研究論文7本とシンポジウム報告4本である。これらの資料は，論題や要旨，キーワードなどから研究者の問題関心に沿って，A. 言葉・概念の研究，B. 社会学の研究，C. 福祉・教育の研究，の3つのテーマに区分している。なお，シンポジウム報告については出典情報の最後に概要をまとめている。

(1) 資料の紹介

1) 研究論文7本

A. 言葉・概念の研究

-1梅田陽介・石倉健二.（2019).「共生」という用語の社会的活用について—その多義性と曖昧性に着目して—. 兵庫教育大学学校教育学研究，第32号，243-252.

-2八木景之.（2020). 共生概念の二類型—有用性による共生・有意味性による共生—. 共生学ジャーナル，第4号，30-54.

B. 社会学の研究

-1塩原良和.（2019). 分断社会における排外主義と多文化共生—日本とオーストラリアを中心に—. Quadrante, No.21, 107-119.

-2沈一擎.（2022). 後期近代における「共生」に関する社会学的研究—能動的な行為者に注目する—.（人間科学博士論文要旨と審査内容）. 大阪大学.

C. 福祉・教育の研究

-1三重野卓.（2018). 共生システムの論理と分析視角—「生活の質」および

ガバナンスとの関連で―. 応用社会学研究, No.60, 135-146.

-2 岡本智周. （2022）. 歴史教育の高大接続の現状と課題―社会科教育と社会科学教育の接続を考える―, 共生教育学研究, 第10巻, 1-14.

-3 小野瀬裕子. （2019）. 持続可能な共生社会における若者の自立を促すための家庭科教育のあり方―高等学校家庭科「家庭基礎」と公民科「公共」の学習内容の連携―. 日本家庭科教育学会誌, 第62巻第2号, 79-89.

2）シンポジウム報告4本

-1 日本社会福祉学会

原田正樹. （2018）. 地域共生社会の実現にむけた「教育と福祉」. 社会福祉学, 第85巻第4号, 115-119.

-2 共生社会システム学会

福留和彦. （2018）. 共生社会研究の現状と課題. 大和大学研究紀要 政治経済学部編, 第4巻, 75-86.

-3 共生科学会

細田満和子. （2019）. グローカル共生社会への取り組み―「ローカルが豊かになるための教科書つくり：今何を考えなければならないのか？」を振り返って―. 共生科学, 第10巻第10号, 38-43.

-4 NHK 放送文化研究所

山田潔他. （2019）. シンポジウム共生社会実現と放送の役割―東京2020パラリンピックをきっかけに―. 放送研究と調査, 8月号, 20-37.

1と2の報告は日本社会福祉学会と共生社会システム学会の共生をテーマにしたシンポジウムの特集である。1は社会福祉の立場から，社会，地域，学校における共生教育のあり方について議論している。2の共生社会システム学会は会員が特徴的である。社会科学，理工・農学系の研究者，企業人など多彩である。学会創設以来の会員の共生研究を総括する内容であり，自然や環境との共生，菌やウイルスの共生ついても言及している。3はシンポジウムの体裁になってはいるが地域発の共生活動の成功事例を紹介している。たとえば，S海岸のゴミ問題への小学生，地域の取り組みはローカルである。しかし，活動を通してグローバルな自然環境の問題を認識し，他地域の活動主体とつながって

いく可能性を示している。4はパラリンピックの番組を作成し放映する過程において，障がい当事者であるオリンピアン，スタッフ，視聴者の意識と行動の変容を語る。また，当事者スタッフの存在は番組づくりだけでなくNHKの組織改革にもつながった例を紹介している。

(2) 資料の考察

資料考察は，A. 言葉・概念の研究，B. 社会学の研究，C. 福祉・教育の研究の順に行う。とくに各々の研究における問いかけ，方法，そして結果について精査する。また，共生を日本社会に固有な現象と捉えているか否かについても確認する。

A. 言葉・概念の研究

ここでの言葉とは，社会生活の中で人々が一般的に用いる語であり，概念とは社会現象の観察および理論化のために研究者が用いる語と考える。社会学に限らず社会科学では概念の定義はきわめて大切である。社会現象には実体がないものや，あるとしても抽象度がきわめて高いものがある。理論概念から作業概念を導き出し観察を繰り返す。概念の精緻化そのものが優れた研究になる例もある。

論文を考察する前に，共生という言葉・概念の由来についてまとめておきたい。言葉の来歴については，梅田と石倉の論文ならびに八木論文が検討している。彼らによれば共生の語源は2つある。一つは生物学用語でドイツ語のsymbioseであり，これが「共生」と和訳されたこと，もう一つは浄土宗僧侶の椎尾弁匡による「ともいき（共生）」の運動から出たとされる。医者で植物学者のHeinrich Anton de Bary（1831-1888）が1879年に *Die Erscheinung der Symbiose* を発表した。これを植物学者の三好学が『共生の現象』（1888年）と訳したことに始まるといわれる。また，椎尾の「ともいき運動」は1922年から始まり，1931年には財団法人化，運動はアジア圏にも広がりを見せたという。

共生は生物学用語，あるいは仏教活動の呼称に由来するようである。ちなみに，『広辞苑』（1998年）によれば，「きょうせい」は漢字で共生・共棲とあり，「①ともに所を同じくして生活すること。②異種の生物が行動的，生理的な結

びつきをもち，一所に生活している状態。共利共生と片利共生とに分けられる」とある。②は生物学の定義だが，①は日常の用法であり，言葉としての共生の周知がうかがえる。

-1梅田・石倉の論文

　梅田と石倉は，日本社会が「インクルーシブ教育の推進，外国人就労の拡大，性的マイノリティの人権問題など，『共生』のあり方がいっそう問われる」状況にあることを前提にして，言葉としての「共生」の社会的活用の検討，活用における多義性と曖昧性についてまとめている。なお，彼らは共生を日本社会に固有な関係性として捉えている。研究の方法は，「共生」に関わるさまざまな概念の整理，社会政策および企業活動の領域での「共生」の活用を整理する。共生を日本固有のローカル現象と捉える資料も紹介している。

　共生に関連する概念として，social inclusion（社会的包摂），social cohesion（社会的凝集性），social capital（社会関係資本），multiculturalism（多文化共生），cosmopolitanism（世界市民主義）などを挙げ，これら概念の多用な由来と応用の限界について検討している。そして，これら西欧概念だけでは日本的な共生現象は十分に説明できないとする。

　社会政策については，2012年文部科学省「共生社会の形成に向けたインクルーシブ教育システム構築のための特別支援教育の推進」，2016年厚生労働省「地域共生社会」実現に向けた動き，内閣府にも「共生社会政策担当」が置かれていることなどを挙げ，多義的で多様に用いられているとする。また，「共生社会政策担当」の所管には，「子供・若者育成支援」「青少年有害環境対策」「青年国際交流」「子供の貧困対策」「高齢社会対策」「障害者施策」「バリアフリー・ユニバーサルデザイン推進」「交通安全対策」など，多種多様な項目が「共生社会政策」として包括的にまとめられる現状を示唆する。

　企業活動については，キャノンとグリーンコープを例に挙げている。キャノン創業51年目の1988年，「私たちは，この概念のもと，文化，習慣，言語，民族などの違いを問わず，すべての人類が末永く共に生き，共に働き，幸せに暮らしていける社会をめざします」と企業理念としての「共生」を掲げている。このキャノンの企業理念の対象には，顧客，地域社会，国，地球や自然などが含まれている。次に，生活協同組合グリーンコープは，1988年の設立以来「共

生」を企業理念として，「自然と人」「南と北」「女と男」「人と人」の共生を
謳っている。また，国内企業の7割以上が「社会との共生」を理念や社訓に掲
げているという調査結果を紹介している。

　結果として，日本社会のあらゆる領域で共生という言葉が多用されるのは，
「共生」という言葉の多義性と曖昧性の特徴が，政策や理念などの玉虫色の解
釈を可能にするからであり，「共に生きる」というメッセージへの反論が，日
本人には憚られる思想的背景があるという。また，日本古来の仏教文化の影
響，歴史性，美意識などが，共生という言葉を日本人になじみ深く感じさせ，
すんなり受け入れさせるのであろうとする。日本固有の共生を研究すること
は，「日本文化，日本社会と『共生』の理念の親和性の根幹を明らかにするこ
と」であり，共生理念の明確化は日本社会の将来に役立つであろうとする。

-2 八木の論文

　八木は共生概念の定式化を目指している。「異なる生き方をする二者間に相
互作用が生じている状態」を共生と定義し，「有用性による共生」と「有意味
性による共生」の2つの下位概念を導き出している。図1は概念の説明である。

　①「有用性による共生」は，生態学的あるいは経済的分業の関係であり，生
存や利益獲得など目的達成のための共生関係であるとする。②の「有意味性に
よる共生」は，主として深い人間関係の中で見られる共生であり，関係するこ
と自体が目的となる共生の型であり，友人関係のように関係自体に〈意味〉を
感じ，相互作用の相手を必要とするがゆえの共生関係である。②「有意味性に
よる共生」こそが，人間らしさを示す共生関係であり，この関係を通じて人は
自己実現を図り自分自身になる。なお，説明にはないが，死者との共生関係と
は，亡くなった後も心に生きる相手，信仰する神仏との関係，などと推察で
きる。

　共生概念①と②は，自らの調査から帰納的に導き出したと八木はいう。調
査結果は図2に示される。過程Ⅰは「無関係」だった二者が，業務遂行のため
「①有用性による共生」の関係に進み，過程Ⅱは「①有用性による共生」が，
関係そのものに〈意味〉がある「②有意味性による共生」へと深化することを
示している。

　段階1と2の類型は図1で説明されていたが，段階0の「無関係―共生」とは

段階	類型	代表例
①	有用性による共生	生物どうしの共生 経済的分業関係
②	有意味性による共生	友人との共生 死者との共生

図1　共生概念の二類型

出典：八木, p.32 より引用

段階	関係の深化	類型	関係の性質
0		無関係—共生	物理学的
↓	過程Ⅰ	0から1への深化	
1		有用性による共生	生態学的
↓	過程Ⅱ	1から2への深化	
2		有意味性による共生	現象学的

図2　「職場における関係」

出典：八木, p.41 を一部修正

どのような概念であろうか。物理学で説明できる関係であると八木はいう。水は水素と酸素の分子から構成されるが，水素と酸素は共生関係にあるとはいわない。このような関係を「無関係—共生」と定義したと推測できる。これら3つの類型概念を用いた観察を通じて，共生関係の段階を特定することが可能であり，共生関係の深化の契機を発見するのに役立つと結論づける。

　八木は共生を日本固有の人間関係と考えており，その根拠を示して議論している。ところで，「有用性による共生」と「有意味性による共生」の概念を用いて経験世界の観察は可能であろうか。日本人に固有な関係性もこの概念からは見えてこない。この概念をたたき台として，観察に適するよう修正を重ね，観察を繰り返すことで，日本固有の共生関係に関わる理論概念と作業概念が導き出される可能性がある。

B. 社会学の研究

　ここでの社会学の研究とは，既存の概念や理論の整理や応用を目的とする論

文，あるいは，新しい論点や分析モデルの提唱を目的とする論文である。塩原良和「分断社会における排外主義と多文化共生—日本とオーストラリアを中心に—」(2019)，沈一擎「後期近代における『共生』に関する社会学的研究—能動的な行為者に注目する—」(2022) の2本を考察する。

-1 塩原の論文

　塩原の問題関心は，外国人マイノリティの日本社会における共生である。日本社会には政治的・経済的・社会的な分断と排外主義が認められることを前提として，社会の分断から排外主義が発生するメカニズムを仮説化する。方法としては，社会階層論，社会変動論，多文化主義などの応用，ならびにオーストラリアの公定多文化主義と日本の社会制度との比較である。

　結果として，「現代社会における分断の背景には人々のあいだに遍在するヴァルネラビリティ（vulneravility）があること，それに起因して排外意識が生じ，排外主義を引き起こすことで，ヴァルネラビリティがますますマイノリティに偏在していく」という仮説を導き出している。「ヴァルネラビリティ」とは脆弱性である。概念の定義は不明確であるが，言葉が通じない，生活習慣が異なるなどの理由から，否定的・攻撃的な言動を招いてしまう例などがヴァルネラビリティと推察される。この仮説は日本人の間の排他主義，排他的行動にも当てはまると塩原はいう。

　塩原はもう一つ仮説を提示する。マイノリティの市民権の制度的な非／誤承認から生じる「不道徳な他者」表象が排外主義を方向づけ，助長するという仮説である。「不道徳な他者」とは市民としての「徳」をもたないよそ者とされる。「不道徳な人々は，何を言われても（されても），何を言っても（しても）かまわない」と意識が変容し，排外主義と分断が深化するという。

　この説明からすると，道徳の内容により「不道徳な他者」の定義も変わることになる。「不道徳な他者」の観察には，「ヴァルネラビリティ」と同様に明確な概念定義が必要であろう。これらの仮説を用いた観察により，排外主義による社会の分断の状況が明確化され，「広い意味での対話と他者への想像力の涵養の理念を再構築」できるという。

-2 沈の論文

　沈の研究目的は，後期近代における「共生」にはどのような特徴があるのか

を明らかにすること，「共生」の主体となる行為者の特徴を明らかにすることの2つである。方法としては，既存の理論や概念を用いて，人々の「共生」関係は近代の産物であり，後期近代における共生は「再帰性」と「複数性」にあること，国家原理への奴属から脱却するために，個人の純粋な関係が発達し「再帰的共生」になったと塩原はいう。

　主体となる行為者の特徴については，「世界価値観調査（World Values Survey）」から導き出している。ソーシャル・キャピタル論から分析し，個人の社会参加が活発であればあるほど他者への承認が進む傾向を見出している。結果として，能動的な行為者による社会参加は異質な者への承認を高めることにより，共生関係の発展に寄与するという仮説を唱える。

C. 教育・福祉の研究

　教育分野の研究としては，岡本智周「歴史教育の高大接続の現状と課題—社会科教育と社会科学教育の接続を考える—」（2022），小野瀬裕子「持続可能な共生社会における若者の自立を促すための家庭科教育のあり方—高等学校家庭科『家庭基礎』と公民科『公共』の学習内容の連携—」（2019）であり，福祉分野は，三重野卓「共生システムの論理と分析視角—『生活の質』およびガバナンスとの関連で—」（2018）がある。

-1 岡本の論文

　岡本の関心は多岐にわたるが，とりわけ歴史に関する知識や認識と，社会意識との相関を明確にしたいと考えている。研究の方法は，早稲田大学共生教育社会学研究室の「共生社会と歴史認識に関する意識調査」（2018年）をデータとして分析を進めている。分析の視点には「SSM調査（The national survey of Social Stratification and social Mobility）」の知見も用いられている。

　結果として，歴史知識と「社会的配分の原理」に相関が見られること，さらに歴史知識の共生と共生関係の承認にも相関があることを導き出している。「社会的配分の原理」について，大学生で歴史用語を意味まで知っている者は，実績を上げた人ほど多く得るのが望ましいとする「実績原理」を支持し，用語だけは知っている者は「努力原理」，用語を知らない者は「平等原理」を支持する傾向にあるとする。

共生関係の承認については，共生という言葉を知っている者ほど，「必要原理」を支持する傾向が見られるとする。必要な人が必要なだけ得る社会が望ましいとする「必要原理」は，社会的分断を克服する基盤的原理であり，高等学校の学びに共生関係の項目を入れ込むことで，修正主義，努力主義，競争原理の陥穽に落ち込む危険を回避する可能性に言及する。なお，共生関係が日本ローカルかグローバル現象かについては明言していない。

-2 小野瀬の論文

　小野瀬の研究目的は，高等学校家庭科の「共生社会と福祉」の学習内容における共生社会の概念を抽出することにある。さらに，高等学校公民科の「公共」における共生関連の学習内容との連携を模索する。研究の方法は，家庭科教育の先行研究の考察，学習指導要領，教科書などの内容分析である。

　結果として，共生社会の定義を「年齢，性別，障がいの有無，文化の違いにかかわらず人格と人権が尊重され，個性を生かし主体的に社会参加することで自立し共に生き，環境と調和して安心・安全に生活できる持続可能な社会」とする。科目「公共」との関係については，「生徒が生活を主体的に創造することで自立し，持続可能な共生社会の構築に寄与するために，他者・社会・環境との相互関係から構造化して，自助・共助・公助に互助を加えた」社会の仕組みを連携して学習することが可能であるとする。岡本と同様に，小野瀬も共生を日本固有の人間関係か否かについて言及していない。

-3 三重野の論文

　三重野の研究目的は，福祉社会学の立場から「共生システム」の論理と分析視角の定式化を試みている。ここでいう「共生システム」は，福祉社会の実現を可能にする「社会システム」のモデルである。研究の進め方としては，厚生労働省などの共生社会についての立言を論理化するとともに，ユング心理学，自己組織性，サイバネティクス，社会関係資本などから「社会システム」の機能を定式化する。

　システムの中枢に政策機能があり「ガバナンス空間」と呼ばれる。そして，「共生的関係」の実現は，政策により担保されるべきであるとして「ガバナンス空間」の重要性を指摘する。また，「共生的関係」は人々の協働を可能にし，システムの効率を高める機能をもつとする。そして，自生的な秩序であるとと

もに望ましい理想と捉えている。共生関係の事例，観察の視点，促進・阻害の要因についても言及しており，共生は日本固有の考え方であると三重野は結んでいる。

　先行研究の考察をまとめると，A. 言葉・概念の論文には，共生についての語源，社会的な活用，概念の定義，「共生関係の深化」の仮説などが含まれていた。B. 社会学の論文は，日本人と外国人の共生，日本社会の分断メカニズム，「ヴァルネラビリティと不道徳な他者」概念，「再帰的共生」概念，「制度的信頼と異質な他者承認の逆相関」仮説，などが示されていた。C. 教育・福祉研究には，文部科学省や厚生労働省の共生社会に関わる施策や指針の規準，「歴史の知識と社会的配分の原理」仮説，「歴史の知識と社会意識（共生社会の認識）」仮説，家庭科と公民科の学習内容に見る「共生社会」概念，歴史科や家庭科において「共生社会」を学ばせる意義，「福祉社会システム」モデル，「共生的関係」事例と観察の視座，「共生関係の促進−阻害」要因，などが議論されていた。ともいき，共生を日本人に固有な感じ方，考え方，あるいは行動の様式とみなす立場はA，B，Cのすべての研究分野を通じて散見されていた。

4. 共生社会学の予見

　社会学者は共生研究に前向きではなかったと先に述べた。その理由は，人々のつながり，共生が社会学の原問題であったこと，また共生の実証研究には現行では大きな困難が伴うからであると考えた。しかし，2018年から2022年に著された7本の研究論文には，概念，仮説，理論の構築の試み，そして，共生社会のモデルの定式化，再帰的共生の試論，高校教育と共生意識，認識の相関などの研究結果の蓄積が見られた。

　コントは「予見するために見る。予知するために予見する（Voir pour prévoir, prévoir pour prévenir.）」と言っている。この言葉にならえば，共生の社会学を予見するためには先行研究をもっと広く深く考察しなければならなかったと反省する。本章の考察資料に限定して述べるならば，共生社会をテーマにした研究は，次の3つの方途が可能であろう。〈方途1〉コント以来の西洋起源の概念や理論のうち，意味や価値を創造する共生類似の概念の丹念な研究。〈方途2〉

後期近代，脱近代の社会理論の下位概念，機能モデルとしての「再帰的共生」の発展的な研究。〈方途3〉ともいき，共生を日本古来の人，もの，自然との関係性を示す思想，行動様式と定義したうえで古典に遡って共生の概念化を試みる。

　ただし，この研究に先んじて新実証主義の方法論の定式化が求められる。これら3つの方途はあくまでも私論であるが，〈方途1〉と〈方途2〉は先行研究にてすでに取り上げられており，研究の発展が予見できる。〈方途3〉については，社会科学のみならず文学や歴史，哲学などさまざまな研究者とのつながり，また最新の脳科学や生成型AIの研究成果を取り入れることも必要である。

[文献・資料]

NHKエンタープライズ『映像の世紀バタフライエフェクト「世界を変えた"愚か者"フラーとジョブス」』.

Wallace, W. L. (Ed.). (1969). *Sociological theory : An introduction*. Chicago, IL: Aldine.

Wallace, W. L. (1971). *The logic of science in sociology*. New York, NY: Aldine.

※ *The logic of science in sociology* (1971) は，渡辺深訳『科学論理の社会学―「ワラスの輪」というモデル―』（2018年）としてミネルヴァ書房より出版されている。ワラスは同一テーマで *Principals of scientific sociology* (1983. New York, NY: Aldine) も著している。

　社会学辞典については，福武直・日高六郎・高橋徹（編）. (1958). 社会学辞典［初版］. 有斐閣には，生態学のsymbioseを人間生態の説明に援用したとある。同じ出版社の濱嶋朗他（編）. (1981). 社会学小辞典［初版］にもsymbioseの説明があり，コミュニティと同じとする。さらに同社の『社会学小辞典』（新版増補版, 2009年）でもsymbioseに触れ，近い概念としてイリイチのconvivialityを紹介している。

※本稿は2022（令和4）年度田園調布学園大学第3回FD・SD研修会の報告原稿をもとに加筆修正したものである。

コラム

実証研究の構成と方法

実証研究のモデルには5つの構成要素がある。時計回りに12時に「理論」，3時に「仮説」，6時に「観察」，9時に「経験的一般化」があり，中心が「方法」である。「方法」は研究の過程を示しており，たとえば，「理論」から「仮説」へと研究を進めるのは「論理的演繹」であり，「仮説」から「観察」へと

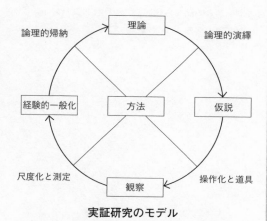

実証研究のモデル

（原題：Components and Process of Scientific Socioligy）

進めるためには「操作化と道具」が必要となることを示している。この一連の時計回りの流れは，西洋理論を日本社会に応用する仮説にしたり，抽象概念を観察可能な操作概念に修正する作業に重なる。「観察」から「経験的一般化」へと研究を進める方法は，さまざまな観察結果の「尺度化と測定」の手続きを必要とし，「経験的一般化」から「理論」へは「論理的帰納」の手続きを経て到達することを示している。これが実証的研究の過程であり科学的社会学の方法論だとする。時計回りに研究過程を繰り返し進むことで理論の精度が高まるという。また，5つの構成要素の個々にいくら精通しても科学的社会学の実践にはならず，「方法」で示された手続きを駆使して次の構成要素まで到達することで実証研究をしたことになるという。このモデルに従えば，先行研究の中には12時から3時までの研究，あるいは3時から6時までの研究が多く含まれていたことがわかる。

［文献］

Wallace, W. L. (Ed.). (1969). *Sociological theory : An introduction*. Chicago, IL: Aldine.

※本コラムの図ならびにその説明文は，Wallace（1969）Perface vii-xi より筆者が訳出したものである。

第9章
インクルーシブ教育の実践（幼児期について）

小山　望

1.　はじめに――障がいのある子どもとの出会い

　筆者と障がいのある子どもとの出会いは，数十年前の大学院生のときに遡る。当時大学院で障がい児・者心理学を専攻していた筆者は，障がいのある幼児を10数名受け入れていた私立葛飾こどもの園幼稚園に障がい幼児担当の非常勤講師として週に一日働く機会を得た。応募の理由は，一般の幼稚園で障がいのある幼児を積極的に受け入れて統合保育をしていることに興味をもったからである。当時は，障がいのある幼児は障がい児の療育機関に通うことが一般的で，幼稚園・保育所で障がい児を受け入れて統合保育をすることは珍しかったのである。筆者のインクルーシブ保育の実践研究は，葛飾こどもの園幼稚園の統合保育での障がいのある子どもとの関わりから始まっている。幼稚園には，自閉スペクトラム症やADHD（注意欠如多動症）などの発達障がいやダウン症などの知的障がい，脳性まひの肢体不自由児などさまざまな障がいのある子どもが在籍していた。子どもたちの行動観察を行い，関わりながら，一人ひとりの発達特性を理解・把握し，子どもたちの情報（個別的な支援計画や配慮に関すること）をケース会議の場で保育者に伝え，一人ひとりの子どもへの対応を保育者と話し合い情報を共有することが，筆者の役割であった。

　一方，大学院では，応用行動分析の手法を活用して，障がいのある子どもの言葉や認知を発達させることを目的として小集団指導を行っていた。応用行動分析とは，ABA（Applied Behavior Analysis）といわれ，アメリカの心理学者スキナーによって開発されたオペラント理論を発展させた行動科学的アプローチである。それは環境と個人の相互作用とのあり方である行動の法則性を明らかにしようとする包括的な枠組みである。人間の行動の基本原理に基づき，望ましい行動を増やすことで，相対的に困っている行動を減らすための働きかけを

135

行う行動理論的アプローチである。その当時，障がいのある子どもの指導には応用行動分析の手法が効果的であるといわれ，大学院では，障がいのある子どもの行動形成にこの手法を積極的に活用していたのである。むろん，現在でもこの方法は教育・福祉分野で有効なアプローチである。

しかし，そうした実験室的な環境は幼稚園での子ども中心の遊びの生活から考えると，かなり不自然であり，人工的な環境であったと思われる。葛飾こどもの園幼稚園には障がいのある子どもと健常児の遊びを通じて自然に関わりや育ち合う場所があった。そこから私が学んだことは，やがてインクルーシブ保育を志す方向に向かうことになった。

インクルーシブ保育は，障がいのある子どもや多様なニーズのある子どもがいることを前提とした保育である。障がいのある・なしで分けない，どんな子どもも排除しない，どんな子どもも一緒にいることを前提とした保育である。

2．ノーマライゼーション

北欧に始まったノーマライゼーションの原理の浸透とともに，障がいのある子どもとない子どもとの統合保育への広がりを見せ，アメリカや西欧諸国では基本的人権擁護の立場から，地域社会での統合保育を推進する意味で，障がい幼児の保育にも大きな影響を与えていった。スウェーデンのニィリェ（B. Nirje）はノーマライゼーションの理念を整理して，「社会の主流となっている状態にできるだけ近い日常生活を知的障がい者が得られるようにすること」とノーマライゼーションを定義している。そして「一日のノーマルなリズム，一週間のノーマルなリズム，一年間のノーマルなリズム，ノーマルな要求の尊重，異性との生活，ノーマルな生活水準，ノーマルな環境水準など」の８つの原理を提唱している。ノーマライゼーションの目指すところは，その人らしいごく当たり前の生活のあり方を実現することである。この考え方は，知的障がいのある人の生活のあり方に対する疑問から始まったものではあるが，決して障がいのある人に限ったことではない。生きること，生活することはすべての人に等しく与えられているからである（四ノ宮, 2022）。

ノーマライゼーションの理念が目指す社会の具体的な形が「インクルージョ

ン（inclusion）」である。社会的インクルージョンとは，何人も排除しない社会の実現，障がい，貧困，被差別，外国籍，高齢，被虐待等の環境にあっても誰でもが安心して参加できる社会の達成ということである（太田，2013）。

1994年6月，スペインのサラマンカ市でユネスコ（UNESCO：国連教育科学文化機関）とスペイン政府が開催した「特別ニーズ教育に関する世界会議」で採択された「サラマンカ宣言」は，インクルーシブ教育のアプローチを推進するための世界各国の基本的政策の転換を検討するきっかけになっている。この宣言は，インクルージョンの原則，「万人のための教育（Education for All: EFA）」（すべての人を含む），個人主義を尊重し，学習を支援し，個別のニーズに対応するため施設に向けた活動の必要性の認識を表明している

3. インクルーシブ教育

2006年の第61回の国連総会で「障害者の権利に関する条約」（以下，障害者権利条約）が採択され，障がい者の人権尊重，社会参加が推進されることになった。2014年に日本もこの条約を批准した。条約の批准を前に，2011年に「障害者基本法の大改正」が行われ，2012年に障害者虐待防止法が，2013年に「障害者差別解消法」が施行され，合理的配慮を義務づける「障害者差別解消法」が2021年に改正された。

障害者権利条約の第24条にはインクルーシブ教育を受ける権利の保障が謳われている。インクルーシブ教育システムとは，障がいのある者と障がいのない者がともに学ぶ仕組みである。そして，そこでは，障がいのある者が「general education system（教育制度一般）」から排除されないこと，および障がいのある児童が障がいに基づいて無償かつ義務的な初等教育または中等教育から排除されないこと，自己の生活する地域社会において，障がい者を包容し，質が高く，かつ無償の初等中等教育を享受することができること，個人に必要な「合理的配慮」が提供される等が必要とされている。これを受けて文部科学省は，2012年に共生社会の形成に向けたインクルーシブ教育システムの構築を発表している。障がい者権利条約成立とともに，世界各国にインクルーシブ教育が広まっていった。その影響もあり，幼児期におけるインクルーシブ

保育も推進されている。インクルーシブ保育とは，すべての子こどもがクラスの一員になれる保育である。

4. 統合保育とは

　統合保育とは，障がいのある子どもとない子どもを一緒の場で保育することであり，健常児集団を中心とした保育プログラムで実施されるクラス活動に障がい児が参加していく保育である（図1）。しばしば，形式的に健常児集団にいるだけで，障がいのある子どもは放置されたり，不本意な活動を強制されたりするという問題が生じている。障がい児が入園しても健常児中心の保育プログラムは変わらず，障がい児はクラス活動で同じ活動をするために加配保育者に個別指導を受けながら，参加できるようになることを求められる。

　統合保育の問題として，以下のようなことが挙げられる。①野本（2010）は，障がいのある子どもとない子どもが一緒に活動することができるように，他の子どもの活動に支障がないような支援や援助がなされている，障がいのある子どものできないことへの支援に関心が偏っていると指摘している。②小山・勅使河原・内城（2020）は，障がいのある子どもが健常児中心の活動に参加するために，ソーシャル・スキルなど応用行動分析の手法が使用されているが，これはクラス活動に参加することを重要視しているからではないかと指摘している。障がいのある子どもが入園しても定型的な発達をしている子ども中心の保育プログラムや活動は変わることなく，障がいのある子どもへの個別的な配慮もないままに，一緒に保育することに重点が置かれていていいのであろうか。③別府・大井他（2020）は，統合保育では特別な配慮を必要とする幼児を

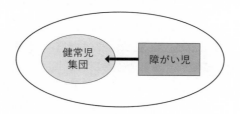

図1　統合保育のイメージ図

クラス集団に参加させる際に，「みんなと一緒」を優先するあまり，「クラスへの参加」を目標に設定することに陥りやすく，これが課題であることを指摘している。④浜谷（2014）は，統合保育とインクルーシブ保育は原理的には異なると指摘する。その理由を，統合保育は多数派（しばしば健常児集団）と少数派（特別な支援が必要な子ども）とに分別し，多数派のための保育を少数派に強制する保育であるのに対して，インクルーシブ保育は，子ども一人ひとりの多様性と基本的人権を保障して，どの子どもも保育の活動に参加することを実現する保育であるためとしている。

5. 統合保育からインクルーシブ保育へ——保育のパラダイムシフト

インクルーシブ保育は，障がいがある子どもを含む外国籍の子どもなどさまざまな子どもたちがいることを前提として，すべての子どもたちがクラスの一員となれる保育である（図2）。言い換えれば，どの子どもも排除しない保育である（小山, 2022）。どんなに障がいや困難を抱えていても子ども期に排除されることなく，かけがえのない仲間や集団の中で一人ひとりがその子らしく輝き豊かに発達していくことを目指す保育といえる（黒川, 2016）。

保育者が保育プログラムや活動や遊びを考えて，子どもたちをその保育プログラムに沿って誘導していく保育者主導的保育から子ども主体の保育へと，保

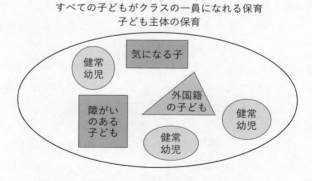

図2 インクルーシブ保育のイメージ

育のパラダイムシフトが求められる。インクルーシブ保育は子ども主体の保育を実現する保育である。

6. インクルーシブ保育の実践

インクルーシブ保育に取り組んでいる葛飾こどもの園幼稚園は1966年から知的障がいのある幼児と視覚障がいのある幼児を受け入れて，障がいのある子どもと障がいのない子どもの統合保育を行ってきた。その保育の特徴を以下に示す。

(1) 園の概要

①園児数120名　　異年齢5クラス　　各クラス約22名　　　3人担任
　　　　　　　　満3歳児1クラス　　　　　　　10名ほど　　3人担任
　　　　　　　　障がいのある子どもは10数名在籍

②保育形態
　　午前　園全体に広がる自由遊び場面　素材からモノゴトをつくり出す
　　　　（砂，土，水，紙，空き箱，段ボール，実や枝，虫，動植物等）
　　午後　クラス活動や年齢別活動，グループで目的をもった活動など

(2) 子ども主体の保育

保育者主体ではない，子どもが中心の保育である。子どもが自分で考えて行動する，自分で遊びをつくり出す，保育者は子どもの活動を見守り必要に応じて手助けする。

子ども主体の生活となると子ども自身の表現や意見，行動に責任も出てくるが，それらが認められて活かされる生活となり，一人ひとり違うことが自然であることを大人も子どもも受け入れることの前提となる。

その子らしく表現できたことをみんなで評価する。

参加できないことに葛藤している場合については，その原因を探していく保育が必要となるが，そのときの状態や様子によりその子どもの興味・関心を優先させる時期やタイミング，内容であると判断したときは，強制しない。

今までの保育者主導の保育から子ども主体の保育へと保育者自身の保育のパラダイムシフトが求められる。保育者は，子どもの姿から学ぶことが大切である[1]。

(3) コーナー活動

コーナー活動とは，子どもたちが自分で選んでさまざまな遊びができるように，保育者があらかじめ道具や遊ぶ素材をいろいろな場所に用意しておくことである。たとえば，砂場，おだんごづくり，色水，ままごと，製作コーナー，鬼ごっこ，どろけい，缶けり，サッカー，ごっこ遊び（乗り物，忍者，お店屋さん），積み木，ブロック，絵本，動物のいる環境（チャボ，うさぎ，アヒル，羊，魚など），動物のエサづくり，虫探し，木工（図3）。

園庭で遊んでいる子どもたちは，それぞれが自分の好きな遊びを夢中で行っているため，障がいのある子どもがどこにいるかわからないくらい，どの子どもたちもそれぞれの活動に溶け込んでいる。自分が遊びを選択でき，そのことに集中しているため来訪者がいても，気にならない。人と関わるのが苦手な子どもも自分の好きな遊びに集中している。たとえば，同じ場で他の子どもも一緒にコマ回しをしていると，そこに自然に子ども同士の関わりが生まれていくのである。一緒に遊んでいる子どもたちも，人と関わるのが苦手な子どものコマ回しのうまさに圧倒され，「○○くん，すごいね」と関心をもって集まってくる。クラス活動に人と関わるのが苦手な子どもを無理やり参加させて子ども同士の関わりをつくろうとするより，同じ場で好きな遊びを通じて関わりをもつ機会をつくるほうが，自然であり，仲間意識も芽生えやすい。

(4) 異年齢クラス，同年齢活動，安心できる保育環境

3, 4, 5歳の異年齢クラス，いわゆる縦割りクラスで，個々の子どもの発達上の違いや個性の違いを前提とした保育活動になる。したがって，一斉保育活動はなじまない。

年下の子ども，年上の子どもが互いに毎日接しているうちに，自然とさまざまな違いに気づいて，相手を思いやる行動が身につくようになる。同年齢での活動も行う。仲間関係も育つ。どんな子どももクラス仲間に受け入れられてい

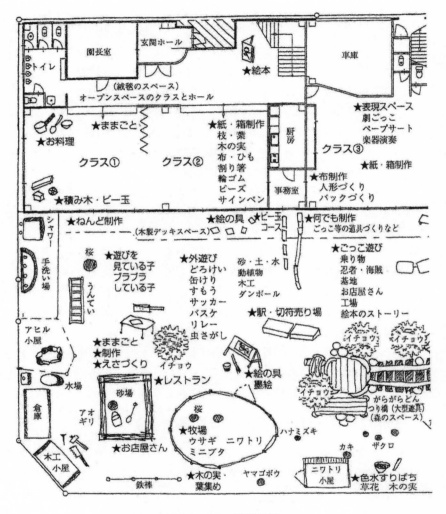

図3　コーナー活動の図

出典：加藤（2013）pp.132-133の図を転載

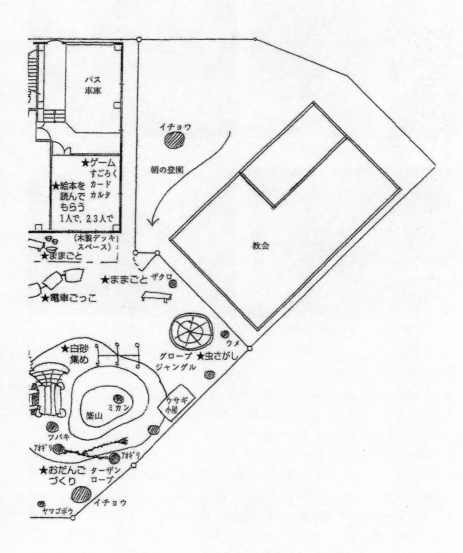

写真1　コーナー活動

写真2　コーナー活動　工作

写真3　チャボとのふれあい

写真4　みんなと一緒でも，ひとりでも

る信頼感，居場所があることで一人ひとりの子どもが安心できる場になっている。年齢差や発達上の差も目立つことなく，それぞれが自分の活動に集中できる環境が大切である。さまざまな教材，素材，道具，環境があることで，子どもたちは，それぞれが思い思いの遊びをし，いくつもの違った遊びが楽しめるようになっている，3歳児が単純に遊べる遊びから，5歳児が仲間でイメージを共有してつくり上げる遊びまで，複数の活動が並行して展開される。そのため年齢，個性，障がいの有無など，違いのある子どもたちの各々が尊重されやすい雰囲気が醸成される。クラス活動では，保育者が子ども同士を比べて優劣で子どもを評価することはない。子ども一人ひとりが自分の思いで表現することが大切で，クラス活動に同じように参加することを強制せずに，他にしたい活動や遊びがあれば，それを選ぶこともできる。

インクルーシブ保育では障がいのある子どもとない子どもが一緒に遊びや活動することが大切と思われがちだが，そうではない。一緒に同じ活動をすることが大事なことではなく，同じ場所で同じ活動をしていても，満足しない活動に無理に参加していれば，子ども主体ではなくなる。違う場所にいて違う活動をしていても，心理的に「一緒にいる」とお互いに感じていれば，学び合う関係が構築されて，みんなが学べるようになる。インクルージョンとは，それぞれに学びの場があり，お互いに関心を向けている状態といえる（松井, 2018）

（5）支援を必要とする子どもや保護者を担任任せにしないで，園全体で共有し対応する

クラスに障がいのある子どもや多様性のニーズがある子どもが何人かいるので，その子どもたちには個別配慮が必要である。クラスの担当保育者全員が情報共有し，園全体でも個別配慮の必要な子どもたちの情報は共有しておかなければならない。またその保護者への支援をクラス担任任せにしないで，園全体で支援を行う。保護者が園で孤立しないように保護者同士の関係づくりや支え合い文化の構築を大切にする。

（6）子どもの創造性を引き出す

保育者の価値観や決まり事，感覚を押しつけない。子どもの発想で自由に表現できることを保障する。そうすると試行錯誤することを楽しむようになる。素材（段ボール，牛乳パック，新聞紙，空き箱，落ち葉，木片，草花，どんぐりのような自然物）を準備し，子どもたちが勝手につくり出す姿を大切にする。

（7）仲間関係が生まれる

子ども同士のトラブルは互いを知るための大事なステップであり，子ども同士がぶつかってこそ，互いに理解できるようになる。相手の気持ちを理解するのが難しい子どもが他の子どもとぶつかったときに，保育者が「喧嘩はいけません」「仲よくしなさい」という大人の社会の価値観だけを押しつけてしまうことは，問題の本質に向き合うことから目をそむけることになりかねない。お互いに言いたいことをぶつけて，その後歩み寄る機会が生まれるように，保育

者とともに考え，自身で行動を振り返り言葉にして捉える子どもを見守ること
が必要である。言葉の発達に遅れがある子どもの場合は保育者がその気持ちを
代弁して，「○○くんは，こうしたかったけど」と表現してあげることを積み
重ねていくことが大切である。

　子どもは保育者から自分が大切にされているという安心感が得られると，人
と関わる基礎が形成される。自分も他の子どもも尊重されている園の雰囲気の
中で過ごせることが大切である。子どもたち同士が安心して過ごせる基盤がで
きると，自然に互いにその存在を認め合い，受け入れる素地が生まれ，子ども
同士の関わり（社会的相互作用）が形成される。

　幼稚園での生活は，楽しくて話したい，うれしくて伝えたいという遊び場面
を通して，じゃれ合いから始まり，行動や手ぶり，文字や代弁による気持ちの
伝え合いが経験できる生活を大事にしていくのである。

(8) 保育者同士の支え合い

　保育者同士が，互いに自由に気持ちを表現できる雰囲気が大切である。子ど
もたちが多様であり，保護者も多様であり，保育者も多様であることを認め合
うことが，インクルーシブ保育の文化を醸成する。感じ方，考え方は違っても
いい。保育者が困ったときは，一人で悩まず，仲間や上司に相談できる場が大
切である。自分のクラスの子どもだけが大切なのでなく，他のクラスの子ども
も同じように大切と思える意識が必要である。

(9) 葛飾こどもの園幼稚園で学んだインクルーシブ保育の良さ

　葛飾こどもの園幼稚園で学んだのは，障がいのある・なしに関係なく，子ど
も同士で遊びながら互いに関わって成長していく姿である。言葉の遅れがあっ
ても，子どもの生活は遊びが中心であり，遊びを通じて認知や言葉の発達が促
進され成長していくことである。とくに言葉の発達の指導訓練をするのではな
く，遊びを通じて相手との関係の中で言葉や言葉以外の非言語行動が発達して
くるのである。ときには子ども同士がぶつかり，衝突しながらも相手の存在に
気づき，それが相手の気持ちを理解するきっかけになっていく。子ども同士の
関わりの中で好きな遊びを一緒にしながら，仲間関係を発達させていく，そう

した子ども同士が互いに育ち合って成長することに気づかせてもらった。子ども主体の活動や遊びの中で，子ども自身が遊びや活動を選択し，さまざまな活動を通じて感覚や認知，社会性を獲得していくのである。

7. 諸外国のインクルーシブ教育の現状

諸外国のインクルーシブ教育は3つのタイプに分類できる（Meijer et al., 1994）。まず，①非分離を強調した単線型政策のイタリア，スウェーデンなどで，イタリアは特別支援学校を廃止する政策をとっている。また，②大規模な特殊学校システムである複線型政策のオランダ，ドイツ，スイス，ベルギーなどであり，日本の特殊教育時代のシステムはこの型に近かったとも考えられる。しかし，スイスをはじめ，オランダも年々，特別支援教育のニーズがある子どもが通常学級に通うに割合が増加しているようである。

そして，③柔軟な教育システムである多線型政策のデンマーク，イギリス，アメリカ合衆国，フィンランド，フランスなどが見られる。フィンランドでは，2010年に教育制度が改正され，特別支援教育のニーズのある子どもは可能な限り通常学級で教育を受けるようになっている。また通常学級では，障が

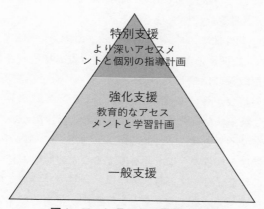

図4　フィンランドの階層的支援

出典：Finnish National Agency for Education (2017) Education in Finland を
もとにした国立特別支援教育総合研究所（2019）p.133の図より作成

いのある・なしにかかわらず，すべての子どもに「一般支援」「強化支援」「特別支援」の3段階の階層的支援（図4）が受けられるようになっており，子どもの多様な教育ニーズに対応する教育制度を行っている。

8. おわりに

　共生社会に向けてインクルーシブ保育・教育を広げていく地域社会での障がい者の共生を進めるためにも，幼児期からのインクルーシブ保育を積極的に浸透させることが必要である。障がいのある子どもだけでなく，外国籍の子ども，セクシュアル・マイノリティの子ども，貧困家庭の子ども，被虐待児など多様な特性を含むすべての子ども同士が相互に関わり合って，お互いに認め合う心を醸成することが大切である。幼児期に始まって，小学校，中学校，高校，大学などの学校教育機関でインクルーシブ教育を進めることで，多様性に寛容な社会を築くことができる。神奈川県では，全国に先駆けてインクルーシブ教育実践推進高校制度を2017年からスタートさせた。インクルーシブ教育実践推進高校は，知的障がいの生徒が高校でともに学ぶ中で，互いに理解し受け入れて，みんなで一緒に過ごす中でお互いのことをわかり合って，成長していくことを目標にしている高校である。2022年現在神奈川県内の18校がインクルーシブ教育実践推進高校になっている。

　2022年8月22日，23日にスイス・ジュネーブの国連欧州本部で日本政府は「障害者権利条約」に関する初めての審査を受けた。批准した国については，障害者権利条約を政策に反映していくことが求められる。審査の結果，9月9日に国連の権利委員会から日本政府に対して，「インクルーシブ教育の権利を保障すべきで，分離された特別な教育を廃止すること，障がいのある子とない子がともに学ぶインクルーシブ教育の確立のためにすべての障がいのある生徒が個別支援を受けられるように計画を立てるなどの対応の必要性」という勧告が示された。これを受け，文部科学大臣は，会見で「特別支援教育の中止は考えていない」と述べている。欧米など世界各国が積極的にインクルーシブ教育を進めている中で，日本政府の姿勢は，障がいのある子どもが普通学校で学ぶ権利を奪っており，インクルーシブ教育の浸透を阻害している。誰もが相互

に個性を尊重される共生社会の実現には，幼児期から大学までのインクルーシブ教育の推進や広がりが求められる。障がいのある子どもとない子どもがともに学ぶ学校でこそ，多様性に寛容な人格の基盤をつくっていくことが可能であり，その思潮を実践していくことが望まれている。

[注]

1 葛飾こどもの園幼稚園のインクルーシブ保育の実践については，DVD（小山・河合，2019）の映像を参考にされたい。

[文献・資料]

太田俊己.（2013).　ノーマライゼーションと障がいのある子の保育.　小山　望・太田俊己・加藤和成・河合高鋭（編著).　インクルーシブ保育っていいね――一人ひとりが大切にされる保育をめざして―（pp.21-25).　福村出版.

小山　望.（2011).　インクルーシブ保育における自閉的な幼児と健常児の社会的相互作用についての一考察.　人間関係学研究，*17*(2)，13-28.

小山　望.（2018).　インクルーシブ保育における園児の社会的相互作用と保育者の役割―障がいのある子どもとない子どもの友だちづくり―.　福村出版.

小山　望.（2022).　インクルーシブ教育に関する研究―統合保育からインクルーシブ保育へ―.　田園調布学園大学教職課程年報，*5*，13-22.

小山　望・河合高鋭（監修).（2019).　インクルーシブ保育の実践―共生社会をめざして―（DVD).　アローウィン社.

小山　望・勅使河原隆行・内城喜貴（監修).（2020).　これからの「共生社会」を考える―多様性を受容するインクルーシブな社会づくり―.　福村出版.

加藤和成.（2013).　インクルーシブをどう進めるといいだろうか.　小山　望・太田俊己・加藤和成・河合高鋭（編著).　インクルーシブ保育っていいね――一人ひとりが大切にされる保育をめざして―（pp.122-146).　福村出版.

黒川久美.（2016).　「インクルーシブ保育と保育のありかた」研究に関する覚え書.　南九州大学人間発達研究，*6*，93-97.

国立特別支援教育総合研究所（編著).（2019).　「知的障害のある子どもと共に学ぶ」を考える―北欧の実践をふまえて―.　ジアース教育新社.

四ノ宮美恵子.（2022).　心理職として福祉分野に関わる際の大事な視点.　山中克夫・四ノ宮美恵子・宮本信也（編).　公認心理師カリキュラム準拠　福祉心理学（pp.30-40).　医歯薬

出版.

野本茂夫.（2010）. どの子にもうれしい保育の研究. 日本保育学会第61回大会.

浜谷直人.（2014）. インクルーシブ保育と子どもの参加を支援する巡回相談. 障害者問題研究, *42*(3), 178-185.

別府悦子・大井佳子他.（2020）. 統合保育からインクルーシブ保育への展開のための実践的視点─大学間連携共同研究（1）─. 中部学院大学・中部学院短期大学部研究紀要集, *21*, 1-12.

松井剛太.（2018）. 特別な配慮を必要とする子どもが輝くクラス運営─教える保育からともに学ぶ保育へ─. 中央法規出版.

Meijer, C. J. W. et al. (Eds.). (1994). *New perspectives in special education: A six-country study of integration*, London: Routledge.

インクルーシブ保育幼稚園からのメッセージ

インクルーシブな保育を目指すために

　幼稚園，保育園の現状については，大人が子どもに教える場所，そして教えることにより成長すると考えられ，ときに，大人の都合に合わせた"よい子像"のイメージがつくられ，現在でも園生活を見直すことを必要としていない保育機関が，まだ多くあるように感じている。

　主体的に生活している子どもたちは，日常経験を繰り返しよく考え楽しみながら学ぶことを身につけ，保育者との関係のもとに"信頼され，任される園生活"となり，保育者側からすると対話し見守ることが楽しくなってくる保育でもある。インクルーシブな保育を考えると，この主体的に生活する子どもたちであるからこそ，感じていることをさまざまな方法で素直に表すことができるようになり，インクルーシブな保育へとつながっていく集団となっていく。これらのことは"保育の質"の話でもある。

　一般的にインクルーシブな保育をイメージすると"一緒の場や同じ活動を経験すること""やさしく接するようになること""療育機関とつながり療育的な技法を取り入れること"などとなりがちだが，基本的には人と人がつながり合い支え合うシンプルな保育である。大人同士がつながり支え合う保育となってくると，結果的に皆と一緒に活動することや療育とのつながりなどが本当の意味で活かされていくことになる。この，保護者同士もつながり合う子どもたちの生活では，ときに思いをぶつけ合いながらもお互いを感じ知り合いつながることができるものへと変化していく。ここがインクルーシブな保育を積み上げていくための重要なポイントであると考えている。

違いを無意識のうちに否定しているのではないか

　幼稚園，保育園においてとくに問題視すべき点は"同じものをつくらせ

る”“同じように活動させる”ことにより保育者も子どもも，また保護者も安心して喜んでいるような保育ではないか。たとえば，楽しかった遠足を振り返り，皆で絵を描いたときに，皆が同じ場面を同じように描き展示された場合，大好きな先生から，皆と同じものを描くことが無意識のうちに評価され求められていることになり，逆に，同じように描けない場合は“皆と同じことができない子”という見方となるのではないか，とも考えられる。

　さまざまに感じ方や興味の違う子どもたちが心動かす活動をした場合，何に心躍らせ，何に興味をもったのか，また，どんなことを仲間と楽しんだのかは一人ひとり違うのではないか。その違った思いを一人ひとりと向き合い話を聞き受け止めていくときに，描くもの作るもの，伝えたい話は生き生きとしたものとなり共感を生むものとなる。小さなことと思えるが，この違いをきちんと受け止め引き出し一人ひとりと共感していく“ごく自然な，当たり前の保育”が基本となると考える。

　保育においては，どのような現場であってもさまざまに違いのある子どもたちが集められているのが実情である。異年齢保育等では年齢差があるためより実感しやすいが，子どもたち一人ひとりに“違いがあることを前提”として保育をつくり出していくことが大切ではないだろうか。

（加藤和成）

第10章
インクルーシブ教育の実践（小学校・中学校・義務教育学校）

小泉和博

1. はじめに

　小学校や中学校，義務教育学校での9年間は，人としての基礎を育てる大切な期間である。人としての基礎とは，これからの社会を生きていくために必要な知識や技能，さまざまな状況に対応できる思考力や判断力，表現力とともに，学んだことを人生や社会に活かそうとする意欲や人間性，社会性などといった資質や能力のことである。それらを学校という場で教員の指導のもと，「各教科」や「特別の教科　道徳」「総合的な学習の時間」「特別活動」などを通して身につけるのである。

　戦後，日本の教育は新しい教育制度のもとでスタートして，多くの改編や改善を繰り返して，現在に至っている。それは戦後から現在までの学習指導要領を見ればわかる。学習指導要領は全国的に一定の教育水準を確保するために，各学校が編成する教育課程の基準として，国（文部科学省）が教育基本法，学校基本法などの規定に基づき，各教科等の目標や大まかな内容を示しているものである。学習指導要領はおおむね10年ごとに改訂されているが，そのときの時代背景や社会情勢を踏まえ，子どもたちに必要な資質や能力，求められる力を明確に示し，各教科等に取り入れるよう指示している。過去の「ゆとり教育」「生きる力」「確かな学力」「言語活動」などはその表れである。

　では，日本において共生社会に向けてのインクルーシブ教育の必要性が注目されるようになったのはいつごろからであろうか。それは，2006年12月の国連総会で「障害者の権利に関する条約」が採択された後からである。日本においては同条約の批准に向けて2011年8月に障害者基本法が改正され，「可能な限り障害者である児童及び生徒が障害者でない児童及び生徒と共に教育を受けられるよう配慮」（第16条1項）を行うことが示された。また，障害などの特性

に応じたきめ細かな教育により，障害児の能力を可能な限り伸ばすことが求められた。文部科学省の中央教育審議会は，障害のある者が「general education system（教育制度一般）」から排除されないことや，自己の生活する地域において初等中等教育の機会が与えられること，個人に必要な「合理的配慮」が提供されるなどが必要とされていることを報告した。「合理的配慮」とは，障害のある子どもが，他の子どもと平等に「教育を受ける権利」を享有・行使することを確保するために，学校の設置者や学校が必要かつ適切な変更・調整を行うことである。このときが日本における「共生社会」「インクルーシブ教育」といった言葉のスタートといえる。

　そこで，義務教育におけるインクルーシブ教育について，まず，国（文部科学省）の考え方を紹介する。次に学校における教科やさまざまな教育活動での実践例などを紹介する。

2. 国（文部科学省）が示すインクルーシブ教育

　2012（平成24）年9月に文部科学省の初等中等教育局は「共生社会の形成に向けて」の中で，インクルーシブ教育システムの構築や特別支援教育の推進などを示している。その内容は次のとおりである。

（1）共生社会の形成に向けたインクルーシブ教育システムの構築

1.「共生社会」と学校教育

　「共生社会」とは，これまで必ずしも十分に社会参加できるような環境になかった障害者等が，積極的に参加・貢献をしていくことができる社会である。それは，誰もが相互に人格と個性を尊重し支え合い，人々の多様な在り方を相互に認め合える全員参加型の社会である。このような社会を目指すことは，我が国において最も積極的に取り組むべき重要な課題である。

　学校教育は，障害のある幼児児童生徒の自立と社会参加を目指した取組を含め，「共生社会」の形成に向けて，重要な役割を果たすことが求められている。その意味で，共生社会の形成に向けたインクルーシブ教育システ

ムの構築のための特別支援教育の推進について基本的な考え方が，学校教育関係者をはじめとして国民全体に共有されることを目指すべきである。

2.「インクルーシブ教育システム」の定義

　障害者の権利に関する条約第24条によれば，「インクルーシブ教育システム」（包容する教育制度）とは，人間の多様性の尊重等の強化，障害者が精神的及び身体的な能力等を可能な最大限度まで発達させ，自由な社会に効果的に参加することを可能とするとの目的の下，障害のある者と障害のない者が共に学ぶ仕組みであり，障害のある者が「general education system」（教育制度一般）から排除されないこと，自己の生活する地域において初等中等教育の機会が与えられること，個人に必要な「合理的配慮」が提供される等が必要とされている。

　インクルーシブ教育システムにおいては，同じ場で共に学ぶことを追求するとともに，個別の教育的ニーズのある幼児，児童生徒に対して，自立と社会参加を見据えて，その時点で教育的ニーズに最も的確に応える指導を提供できる，多様で柔軟な仕組みを整備することが重要である。小・中学校における通常の学級，通級による指導，特別支援学級，特別支援学校といった，連続性のある「多様な学びの場」を用意しておくことが必要である。

　また，2017年3月に告示された小学校および中学校学習指導要領の総則の「第4」の「児童の発達の支援」「生徒の発達の支援」では「1　児童・生徒の発達を支える指導の充実」と「2　特別な配慮を必要とする児童・生徒への指導」を挙げている。その中の「1　児童・生徒の発達を支える指導の充実」では個々の児童・生徒の多様な実態を踏まえ，一人ひとりが抱える課題に個別に対応した指導を行うことなど，インクルーシブ教育に関わる内容を示している。また，「2　特別な配慮を必要とする児童・生徒への指導」でも同様な内容を示している。ここでは中学校の学習指導要領の「2　特別な配慮を必要とする児童・生徒への指導」の「(1) 障害のある生徒などへの指導」について紹介する。

第4 生徒の発達の支援

2 特別な配慮を必要とする生徒への指導

(1) 障害のある生徒などへの指導

ア 障害のある生徒などについては，特別支援学校等の助言又は援助を活用しつつ，個々の生徒の障害の状態等に応じた指導内容や指導方法の工夫を組織的かつ計画的に行うものとする。

イ 特別支援学級において実施する特別の教育課程については，次のとおり編成するものとする。

(ア) 障害による学習上又は生活上の困難を克服し自立を図るため，特別支援学校小学部・中学部学習指導要領第7章に示す自立活動を取り入れること。

(イ) 生徒の障害の程度や学級の実態等を考慮の上，各教科の目標や内容を下学年の教科の目標や内容に替えたり，各教科を，知的障害者である生徒に対する教育を行う特別支援学校の各教科に替えたりするなどして，実態に応じた教育課程を編成すること。

ウ 障害のある生徒に対して，通級による指導を行い，特別の教育課程を編成する場合には，特別支援学校小学部・中学部学習指導要領第7章に示す自立活動の内容を参考とし，具体的な目標や内容を定め，指導を行うものとする。その際，効果的な指導が行われるよう，各教科等と通級による指導との関連を図るなど，教師間の連携に努めるものとする。

エ 障害のある生徒などについては，家庭，地域及び医療や福祉，保健，労働等の業務を行う関係機関との連携を図り，長期的な視点で生徒への教育的支援を行うために，個別の教育支援計画を作成し活用することに努めるとともに，各教科等の指導に当たって，個々の生徒の実態を的確に把握し，個別の指導計画を作成し活用することに努めるものとする。特に，特別支援学級に在籍する生徒や通級による指導を受ける生徒については，個々の生徒の実態を的確に把握し，個別の教育支援計画や個別の指導計画を作成し，効果的に活用するものとする。

これに続けて，(2) 海外から帰国した生徒などの学校生活への適応や，日本語の習得に困難のある生徒に対する日本語指導，(3) 不登校生徒への配慮，(4) 学齢を経過した者への配慮の項目を挙げており，個々の生徒の実態に応じた適切な指導，効果的な指導，指導方法や指導体制の工夫改善に努めるものとするとしている。

3. インクルーシブな考えをもたせる心や資質の育成

最近，インクルーシブ教育を学校の特色や教育の重点にする小学校や中学校，義務教育学校が増えてきている。しかし，全国的に見て，インクルーシブ教育を実施している学校はまだ少なく，多くの学校はこれから整備していく状況にある。

しかし，今までの学校教育を振り返ると，インクルーシブな考えをもたせる心や資質の育成は，全国すべての学校で実施してきている。今まで意識をしていなかったさまざまな教育活動の中で，実はインクルーシブな考えにつながる意図的な取り組みが行われてきている。ここではさまざまな教育活動の中から，「教科」「特別の教科 道徳」「総合的な学習の時間」の3点について紹介する。

(1) 社会科の授業

小学6年生のときに政治や憲法について学んだことを覚えているだろうか。社会科の教科書に「私たちのくらし」や「日本国憲法」「国の政治」を学習する単元がある。ある教科書を見ると「私たちのくらし」のところでは，「私たちの町では，誰もが幸せに暮らせるためにどのようなことが大切にされているでしょうか」といった学習のめあてが示され，誰もが楽しめる公園が紹介されている。その公園は車いすに座った状態でも草花にさわれるように設計された花壇や，目の不自由な人でも流れ落ちる水の音を楽しむことができる水琴窟など，ユニバーサルデザインの考えで整備された公園である。また，ある市ではゆったりとしたスペースをとり，音声ガイドを備えることなどで，すべての人にとっての使いやすさを目指した多目的トイレや，誰もが通りやすい鉄道の改

札，手話と音声の案内，足で押せる操作ボタンといった利用しやすいように工夫されたエレベーターなど，障がいのある人や高齢者，性別，国籍などに関係なく，誰もが安心して幸せに生活することができる町づくりをしている。

　中学3年生では現代社会や政治，経済などを学ぶ公民という教科がある。公民の最初のほうに「現代社会と私たち」といった私たちの身の周りのことをさまざまな視点から気づかせ，考えさせる学習が組まれている。たとえば，ある教科書では持続可能な社会の実現に向けて，一人ひとりの積極的な社会参画が必要であることや，多文化共生を目指して，考え方や価値観の異なる人たちが，お互いに違いを認め合い，対等の関係を築き社会の中でともに暮らしていくことができるようにすることを学ぶのである。また，「日本国憲法の基本的人権」では，「平等権」の単元で，共生社会を築いていくために，私たちにはどのような取り組みや努力が求められているかを考えさせる学習や，終章のところでは，「より良い社会を目指して」という単元を設定し，義務教育での9年間の社会科学習の集大成の探究学習が組まれている。地理や歴史でも環境問題や各時代の貧困，飢餓などの学習，公民では人権や多文化共生社会の取り組みなどの学習を通し，現代社会を生きる私たちにさまざまな課題を自分事として捉え，解決策を探究していくことを求めている。このように社会科はインクルーシブな考えをもたせる基盤をつくっている。

(2) 特別の教科 道徳

　学校では国語や算数，数学といった教科の授業以外に道徳という授業がある。道徳では副読本などを読んだり班で話し合いをしたりして，道徳的な心情や思考力，判断力，態度などを身につけている。

　2017年度告示の学習指導要領から道徳が教科化され「特別の教科 道徳」と呼ばれている。中学校学習指導要領の総則に，「道徳教育は，教育基本法及び学校教育法に定められた教育の根本精神に基づき，人間としての生き方を考え，主体的な判断の下に行動し，自立した人間として他者と共によりよく生きるための基盤となる道徳性を養うことを目標とする」と明記している。

　学習指導要領の内容を見ると，インクルーシブ教育の実現に向けて，自己を見つめ，物事を広い視野から多面的・多角的に考え，人間としての生き方につ

いての考えを深める学習が設定されている。

　たとえば項目Aの「主として自分自身に関すること」では［自主，自律，自由と責任］で自律の精神を重んじ，自主的に考え判断し，誠実に実行してその結果に責任をもつこととしている。［節度，節制］で望ましい生活習慣を身につけ，心身の健康の増進を図り，節度を守り節制に心がけ，安全で調和のある生活をすることとしている。

　項目Bの「主として人との関わりに関すること」では［思いやり，感謝］で思いやりの心をもって人と接するとともに，家族などの支えや多くの人々の善意により日々の生活や現在の自分があることに感謝し，進んでそれに応え人間愛の精神を深めることとしている。この項目において小学校では［親切，思いやり］として，1，2年生で身近にいる人に温かい心で接し，親切にすること。3，4年生で相手のことを思いやり，進んで親切にすること。5，6年生で誰に対しても思いやりの心をもち相手の立場に立って親切にすることとしている。

　項目Cの「主として集団や社会との関わりに関すること」では［社会参画，公共の精神］のところで「社会参画の意識と社会連帯の自覚を高め，公共の精神をもってよりよい社会の実現に努めること」としている。ここでいう「社会参画の意識」とは，共同生活を営む人々の集団である社会の一員として，その社会におけるさまざまな計画に積極的に関わろうとすることである。個人が安心，安全によりよく生活するためには社会の形成を人任せにするのではなく，主体的に参画し社会的な役割と責任を果たすことが大事になる。また，「社会連帯の自覚」とは社会生活において，一人ひとりがともに手を携え協力し，誰もが安心して生活できる社会をつくっていこうとすることである。この社会のすべての人々が自分も他人もともによりよく生きようとしていることを自覚することから，互いに助け合い励まし合うという社会連帯の自覚も出てくる。

　このように「特別の教科　道徳」においても，インクルーシブな考えをもたせる豊かな心を育てるとともに，人としての資質や能力を育てる道徳への転換が図られている。

(3) 総合的な学習の時間

　インクルーシブな考えをもたせる教育活動として，「総合的な学習の時間」

もある。学習指導要領の「総合的な学習の時間」の目標に「探究的な見方・考え方を働かせ，横断的・総合的な学習を行うことを通して，よりよく課題を解決し，自己の生き方を考えていくための資質・能力を育成することを目指す」とある。各学校では「総合的な学習の時間」に国際理解や福祉などの現代的な課題，地域の特色に応じた課題，生徒の興味関心に基づく課題を設定している。

　たとえば，2018年ごろから「国際理解」をテーマとする学校が増えている。東京オリンピックやパラリンピックを取り上げ，世界平和，スポーツと人権，パラリンピック競技の体験，アスリートの生き方講話などを通して，友情や連帯，フェアプレーの精神とともに相互理解の必要性を学ぶのである。また，SDGsを取り上げ17の項目の中から「貧困」「教育」について，すべての子どもたちを包み込むと同時に，これまでサポートされてこなかった障がいのある人や高齢者，性的少数者，難民，移民などにも目を向けさせ誰もが安心して生活できる環境をつくる必要性を学ぶのである。それ以外に「福祉」をテーマとした場合，アイマスクや車いす体験，地域にある高齢者施設や障がい者施設でのボランティア，外国の方との交流会，募金活動などを通して，心温かくやさしい地域づくりに貢献できる児童・生徒を育てるのである。

4．小学校や中学校，義務教育学校でのインクルーシブ教育の実践

（1）校内・教室内の環境づくり

　大阪市では特別支援教育の視点から，すべての子どもにとって学びやすく，居心地のよい安心感に包まれた校内環境・教室環境・学習環境づくりを進めている。2019年3月に大阪市教育委員会は，『すべての子どもの「わかる・できる」を増やすための環境整備，特別支援教育の視点を取り入れた校内・教室内の環境づくり』のリーフレットを作成している。その中の実践例の一部を紹介したい。

　第一に「情報（刺激）」として2つ挙げている。「①視覚的な刺激のコントロール」である。視覚的な刺激に反応しやすい子どもには黒板周辺の掲示物の精選とともに掲示位置の工夫をしている。刺激の低減は学びやすい学習環境づくりにとって重要な視点である。そして，「②聴覚的な刺激のコントロール」であ

る。教室内には先生の説明や指示，子どもの話し声のほか，学習に伴う作業の音や机・椅子が動く音などがある。教室内ではこうした音が比較的コントロールしやすいのに対し，校内の集団で移動する足音や校庭で流す音楽などは，教室の外から入ってくるため，音のコントロールが困難である。そのような音への意識を高めて周囲に配慮できるように，学校全体で共通理解をもって取り組むことである。

第二に「座席」，学びやすさへの配慮である。教室には黒板の文字が見えにくい，先生の話が聞き取りにくい，さまざまな刺激に反応しやすいなど，座席を決めるうえで配慮の必要な子どもがいる。とくに，人からの「話しかけ」などの刺激に反応しやすい子どもの場合は，そのような相手が視界に入らないようにしたり，先生の説明や指示が伝わりやすくしたりするなどの工夫・配慮が必要になる。廊下側や窓側の机を黒板の中央に向けることで，子どもは黒板の文字が見やすくなり，先生からは子どもの様子が確認しやすくなる。

これ以外にも「予定」，見通しをもたせる。初めて経験する活動に対して不安や戸惑いを感じる子どもに「いつ」「どこで」「何を」「どのように」するのかを「見える化」して提示する。「ルール」，社会性を育成する。「整理整頓」，物の位置を決める。このように大阪市の学校では校内および教室内環境のユニバーサルデザイン化を進め実践している。

(2) 授業での合理的配慮

茨城県の小学校ではユニバーサルデザインの考えと基礎的環境整備との関係を整理し，子どもの教育的ニーズに応じた合理的配慮をしている。この取り組みの中心的な校内支援委員会をつくり，他の教員も含めた校内研修部のケース会議などを定期的に開き校内の体制をつくっている。授業のユニバーサル化では，障がいのある子どもが交流学級で学習する場合に「学級全体への支援」「個人の交流学級内での支援」「個人への支援」の3段階の支援をしている。支援の前提としてつまずきや困難さを明らかにしたうえで，子ども・保護者・交流学級担任・特別支援学級担任が要望を出して，学習の方向性や支援方法などを「合意形成ノート」にまとめている。それにより，教育上の特別な支援を必要とする子どもに対して，どのような合理的配慮がより効果があるかを教員同

士で共有でき，効果的な取り組みにつながっている。

（3）特別活動の中での交流活動

　特別支援学級と通常学級のある学校では，子どもの実態に応じて交流活動を取り入れている。ある義務教育学校では，特別支援学級に在籍している子どもが通常学級に机と椅子を置き，一日，通常学級の一員として，朝や帰りの会，授業，ロングの学級活動，給食や清掃活動をともに行っている。障がいの程度に応じて音楽や美術などの授業にも参加をしている。音楽では校内コンクールに向けて，一緒に合唱や合奏をする。また，図画工作美術では特別支援学級の子どもが作成した原案に合わせて，通常学級の子どもが一緒になって作品をつくり上げる。また，新入生歓迎会では子どもたち全員が体育館に集まり，特別支援学級と通常学級との隔たりをなくして，猛獣狩りやじゃんけん列車などのゲームをする。児童会や生徒会の役員・委員を特別支援学級からも選出し，総会や委員会活動に参加して意見などを述べている。

　学校同士の交流活動もある。以前，中学校と聾学校が部活動をきっかけにさまざまな教育活動での交流に発展していったことがあった。そのきっかけとは，聾学校の陸上部が校庭の改修工事に伴い，中学校で合同練習をしたことである。その後，テニス部や卓球部，イラスト部も合同で活動をするようになった。また，生徒会同士の交流も始まり，お互いの学校を行き来して，共同で地域清掃活動をしたり，文化祭応援活動として作品展示を行ったりした。

　こうした障がいのある・なしに関係なく，児童・生徒同士および学校同士の交流活動はインクルーシブ教育の実践そのものである。多様な児童・生徒が自然に受け入れ，関わることができるようになる効果的な教育活動である。

5. 最後に

　インクルーシブ教育を実現するためには，どのような条件を整える必要があるのだろうか。国（文部科学省）の「共生社会の形成に向けたインクルーシブ教育システム構築のための特別支援教育推進（報告）」によれば，次の3点ということになる。

（1）合理的配慮の必要性

　子どもたちの発達は同じ年齢でも違っている。学校には多様な子どもたちがいて，それぞれに個性があり，得意や不得意があり，努力だけではどうにもならないこともある。その中でともに生活したり，学んだりしていくためには子ども一人ひとりに合った合理的な配慮が必要になる。

（2）多様な学びの場の環境整備

　合理的配慮をするにあたって，欠かせないのが学習環境の整備である。それのためには通常学級や特別支援学級，特別支援学校での教室環境の整備や教具，教材の充実化だけでなく，個々に合った学習環境を整備することが必要である。

（3）専門性の高い教職員の配置

　教室での合理的配慮は一人の教員ではできない。そのため人的な整備が必要になる。専門性のある特別支援教育支援員やスクールカウンセラー，ソーシャルワーカーの配置とともに，教職員の研修会や研究会を充実させる必要がある。

　今後，インクルーシブ教育は全国に急速に広がっていくことが予想される。そのためには国や地方自治体の人的・物的・財的資源の確保とともに，各学校では教員のインクルーシブ教育の実現に向けた体制づくりや，指導方法，教材の開発，環境整備などを早急に進める必要がある。

［文献］
東京書籍　代表者 川端慈範　「新編 新しい社会6下」　著作者 北俊夫・小原友行・吉田伸之他.
東京書籍　「新編 新しい社会公民」　著作者 坂上康俊・戸波江二・矢ヶ崎典隆他.
内閣府　「障害者基本法」（教育）第16条.
文部科学省　初等中等教育局中等教育企画課教育制度改革室義務教育改革係　平成23年4月

1日 「1 共生社会の形成に向けて」

文部科学省 「共生社会の形成に向けたインクルーシブ教育システム構築のための特別支援
教育の推進（報告）」

文部科学省 「小学校学習指導要領（平成29年告示）」 特別の教科 道徳.

文部科学省 「中学校学習指導要領（平成29年告示）」 総則，特別の教科 道徳，総合的な学
習の時間.

コラム

「市民科」とインクルーシブ教育

　東京都品川区には独自の「市民科」という教科がある。「市民科」とは「特別活動（学級活動，生徒会活動，学校行事）」と「総合的な学習の時間」「特別の教科 道徳」を合わせた教科である。品川区では2006年度から区内のすべての小学校，中学校，義務教育学校で「市民科」の授業を行っている。それも時間割で週2.4コマ〜4コマ[1]とかなりの時間を充てている。

　「市民科」には教育委員会と現場の先生方でつくり上げた教科書がある。1・2年生用，3・4年生用，5〜7年生用，8・9年生用の4冊があり[2]，発達段階に応じた内容になっている。「市民科」は5つの領域と，各領域3項目の計15の能力を身につけるとともに，各単元が「課題発見・把握」→「正しい知識・認識，価値，道徳的心情」→「スキルトレーニング，体験活動」→「日常実践」→「まとめ，評価」の5つのステップで構成されている。目次を見ると，5領域が自己管理領域はオレンジ色，人間関係形成領域は青色，自治的活動領域は黄色，文化創造領域は緑色，将来設計領域は赤色と色分けされており，大変見やすいつくりになっている。

　4冊の教科書を読んでいくと，「人間関係形成領域」の中にインクルーシブな考えをもたせる心や資質の育成につながる単元が目にとまる。1・2年生では「みんな，なかよく」「思いやりをもって，人とかかわろう」，3・4年生では「みんなちがって，それでいい」「心と心をつなげよう」，5〜7年生では「障害のある方やお年寄りと接する」「福祉について」，8・9年生では「福祉への取組」「互いを尊重した取組」といった単元である。

　1年生から9年生へと，成長していく過程の中で，自己理解を深め，他者の多様な個性を尊重し，さまざまな人々とよりよい人間関係を構築し，共存，共栄を実現する資質や能力を身につける。この「市民科」はインクルーシブ教育の狙いを支える教科である。

［注］

1 「市民科」の年間総授業時数は，最も少ない学年で85時間，最も多い学年で140時間
　としている。学習指導要領では年間の授業週を35週としている。よって，85時間を
　35週で割ると週24時間（コマ）となり，140時間は週4時間（コマ）となる。

2 品川区では中学1年生を7年生，中学3年生を9年生と呼んでいる。

［文献］

教育出版　品川区教育委員会　しみんか（1・2ねんせい），市民科（3・4年生，5・6・
　7年生，8・9年生）．

第11章
インクルーシブ教育の実践（特別支援教育）

新井雅明

1. 養護学校の義務制実施＝「分離教育」のままでよいのか

　筆者は，特別支援学校等に35年間勤務して，実務家教員として現職に就いた。障がい児教育を志して大学に入学した当時は，一般の教育に比べて30年以上遅れた養護学校の義務制を控えた時期であった。

　教育を受ける権利が保障されるので，皆が歓迎しているのかと思っていたところ，そうとも言い切れないことが入学後しばらくするとわかってきた。

　障がい児と一般の子どもが別に教育を受ける「分離教育」でよいのかということである。このまま義務化するとその状態が固定化するのではないかという危惧である。そこで，対案として一般の児童生徒と障がい児を一緒に教育する「統合教育」（辻村他, 1974）ということが提唱されていた。

　さらに，「養護学校義務制反対」という声まで聞こえてきた（一例として，津田・斉藤・木田, 1976）。

　当時の筆者の考えは，理想として「分離教育」ではない「統合教育」を掲げるものの，それまで就学義務が免除されて教育が保障されてこなかった肢体不自由，知的障がい，病弱の子どもたちに対する養護学校の義務制を実施して，教育を保障することをまずすべきではないかと思っていた。とくに重度重複障がい者への教育については，まだ確立しているとは言い難かったので，教育内容方法の開発も急がなくてはならない。そして，この重度重複障がい者の教育や指導法を明らかにすることは，統合教育が実現することになったときにも役立つと考えた。

　その後，筆者は養護学校の教員となり，重度重複障がい児の教育を中心に実践を積み重ねてきた。インクルーシブ教育から最も物理的に離れた世界で主に肢体不自由や知的障がいのある子どもたちと過ごしてきたにもかかわらず，40

年近く経た現在もその考えは誤っていなかったと思う。というのも，常に通常の教育との関係の中で，障がい児教育を位置づけていたからである。つまりインクルーシブ教育とともにあったといえる。そして，近年インクルーシブ教育の動向が強まっていることをうれしく感じている。

　本章では，40年間，障がい児教育の世界から見守り続けていた視点からインクルーシブ教育についてまとめてみたい。

2.　特別支援教育とは

　1979（昭和54）年に養護学校への義務制が実施されたことで，障がい児への義務教育は完全に実施されることになった。これは，とりもなおさず障がい児教育は一般の教育「普通教育」とは分離されて教育が行われるということでもあった。

　しかし，義務制が実施された当時から埼玉県（津田・斉藤・木田，1976），あるいは大阪府，そして神奈川県などで，学校教育法第22条の3別表（現行法で記述，以下同様）に該当する障がい児が一般の教育を受ける取り組みが試みられていた。

　また，世界的にはイタリアをはじめとする諸外国で「統合教育」が実施されるようになっていった。「統合教育」の動きとともに，学級に在籍する子どもの個々のニーズに応じた教育SNE（Special Needs Education）が始まり，イギリスをはじめとする各国で制度が整備されるようになった。

　それが国際的に広まるきっかけとなったのが，1994年にスペインのサラマンカでユネスコ（UNESCO：国連教育科学文化機関）から発出されたサラマンカ宣言である。この宣言は，「すべての子どもたちを包摂するような（inclusion）教育を提起したもの」である。

　我が国でも，「特別支援教育」という名称が使われるようになっていった。

　それに先んじて2002年には，神奈川県教育委員会では，障がいのある子どもたちを含め，すべての子どもそれぞれの教育ニーズに応じた働きかけをする「支援教育」を推進していた。

　その中で，2007（平成19）年4月1日にそれまでの特殊教育が，特別支援教

育に代わる大きな改革が実施された。学校教育法の改正である。

　その詳細は，同日に出された通知「特別支援教育の推進について（通知）」等で説明されている。特別支援教育は，それまでの特殊教育から「特別支援教育」に名称が変わり，養護学校や盲聾学校，特別支援学級という場ではなく，「特別な支援を必要とする幼児児童生徒が在籍する全ての学校において実施されるもの」とされた。対象もそれまでの5障がい（視覚障がい，聴覚障がい，肢体不自由，知的障がい，病弱）から，発達障がい（自閉症，学習障がい，注意欠陥多動性障がい）を加えた8障害になった。

　これは，通常の学級に障がいのある児童生徒がいて，通常の教育に加えて個別に配慮した教育もその対象児童生徒に行うことになったということである。しかし，そのような教育を行うのは，「通級」というその児童生徒が在籍する学校あるいは他の学校に開設されている学級であった。教育の内容としては，「自立活動を参考にして」と学習指導要領に書かれている。

　つまり，結局，分離されて教育を受ける形は変わりがなく，通常の教育の内容にも変化はない。

　このことにも示されるように，文部科学省が発出する報告書や通知の中では「インクルーシブ教育」という表現が用いられるようになるのは今しばらく後であった。

3. インクルーシブ教育とインクルーシブ教育システム

　インクルーシブ教育を説明するときに，障害者の権利に関する条約が批准された現在では，そこから引用するのが適切であろう。「インクルーシブ教育」とは，障害者の権利に関する条約の第24条にあるように「障害者を包容する教育」（内閣府訳）ということができる。

　それは，一般の教育から排除されない状態で，障がいのある児童生徒が同一空間，同一時間，同一内容の教育を受けていることといえる。

　しかし，条約のこの部分を文部科学省（以下，文科省）で解釈すると「インクルーシブ教育システム」ということになる。

　2012（平成24）年7月に文科省で発出された「共生社会の形成に向けたイン

クルーシブ教育システム構築のための特別支援教育推進（報告）」の中にその定義が示されている。

「障害者の権利に関する条約」第24条によれば，「インクルーシブ教育システム（inclusive education system）」（署名時仮訳：包容する教育制度）とは，「人間の多様性の尊重等の強化，障害者が精神的及び身体的な能力等を可能な最大限度まで発達させ，自由な社会に効果的に参加することを可能とするとの目的の下，障害のある者と障害のない者が共に学ぶ仕組み」と書かれている。そして，この「インクルーシブ教育システムにおいては，同じ場で共に学ぶことを追求するとともに，個別の教育的ニーズのある幼児児童生徒に対して，自立と社会参加を見据えて，その時点で教育的ニーズに最も的確に応える指導を提供できる，多様で柔軟な仕組みを整備することが重要である」とある。

具体的には，「小・中学校における通常の学級，通級による指導，特別支援学級，特別支援学校といった，連続性のある『多様な学びの場』を用意しておくことが必要である」とある。このことは，当時だけでなく，現在も引き続いている特別支援教育の制度をそのまま肯定したものである。

養護学校義務制が実施されたのと同様に，「障害者の権利に関する条約」の批准と引き換えに，その条約の趣旨を換骨奪胎した「分離教育」が固定化されたといえる。

障害者の権利に関する条約のこのような文科省の解釈が誤りであったことが，2022年9月9日に国連の障害者権利委員会が発表した「勧告」で明らかになった。その勧告には，「障害児を分離した特別支援教育の中止の要請」が書かれている。この勧告には，法的拘束力がないものの，「多様な学びの場を用意すること」でよいとする「インクルーシブ教育システム」の考え方は，否定されたといえる。

この勧告を受けた日本政府が，文科省がどのような対応をするかを見守っていきたい。

4. 交流及び共同学習

一般の教育から分離されている特別支援学校が，障害者の権利に関する条約

の「インクルーシブ教育」の趣旨を受け止め実践するためには，先述の「共生社会の形成に向けたインクルーシブ教育システム構築のための特別支援教育推進（報告）」に「新学習指導要領に位置付けられている交流及び共同学習の推進による『心のバリアフリー化』の推進，特別支援学校の児童生徒が地域とのつながりを深める機会と

写真1　えびな支援学校と中央農業高等学校の交流及び共同学習

なる自らの居住地の小・中学校と交流及び共同学習を行うこと（居住地校交流）について，保護者や教職員の理解啓発を図ること」とあるように「交流及び共同学習の推進」を積極的に行うことが望まれる。

　筆者が開設準備に携わり，開校させた神奈川県立えびな支援学校では，知的障害教育部門高等部の一部の生徒が，隣接している神奈川県立中央農業高等学校の生徒と週に1回1時間，定期的に同一空間，同一時間，同一内容で交流及び共同学習をしていた。写真1のようである。

　この授業は，えびな支援学校の知的障害教育部門高等部の農園芸班の生徒にとっては，教科等を合わせた指導である「作業学習」であり，中央農業高等学校の生徒には，「福祉と農業」という時間であった。

　えびな支援学校の児童生徒と中央農業高等学校の生徒は，この時間だけでなく，知的障害教育部門，肢体不自由教育部門の両部門の小中高等部というすべての学部で，単発あるいは，複数回交流及び共同学習をしていた。また，近隣の小学校とも交流及び共同学習や居住地交流をしていた。

　さらに地域の社会福祉協議会と連携して，知的障害教育部門高等部の食品加工班が中心となって，校内の多目的室で週1回程度，「ふれあいサロン」を開催していた。児童生徒が地域の人々と交流する場であり，交流及び共同学習に位置づく取り組みであるとともに，孤立しがちな人々に一時くつろぎの機会を用意する「地域福祉」の活動でもあった。なお，2020（令和2）年から2022（令和4）年は，新型コロナウイルス感染症のために中断のやむなきに至っている。

ところで，2022年（令和4年）11月に神奈川県インクルーシブ教育課が開催した「インクルーシブ教育推進フォーラム」で，えびな支援学校のこのような交流及び共同学習の取り組みが報告された。特別支援学校の交流及び共同学習がインクルーシブ教育の実践として認知されたといえる。

5. 神奈川県の高等学校におけるインクルーシブ教育と特別支援学校

　神奈川県の高等学校では，知的障がい者を普通科の高等学校で一般の生徒とともに教育をする，まさに「インクルーシブ教育」に2017（平成29）年から取り組んでいる（図1参照）。当時のインクルーシブ教育実践推進校のパンフレットでは，インクルーシブ実践推進校とは「共生社会の実現に向けて，障がいのある生徒もない生徒も共に学び，学校行事や部活動に一緒に取り組むことができる学校」としている。これは，文科省がいっている「インクルーシブ教育システム」とは，大きく異なる。

　神奈川県立高等学校でインクルーシブ教育を推進するきっかけとなったのは，2017（平成25）年3月に発出された「神奈川の教育を考える調査会の最終まとめ」であった。報告書の「Ⅳ神奈川の教育の諸課題に対する調査会意見2 高校教育《学習状況や障害などで支援を要する生徒を受けとめる高校づくり》」に次のように書かれている。

インクルーシブ教育実践推進校の指定

Ⅰ期の工程表

主体	平成28年度	29年度	30年度	31年度
指定校	指定（パイロット校）	Ⅰ期生大学	Ⅱ期生大学	Ⅲ期生大学
	知的障がいのある生徒の受け入れ体制整備	実践および検証（入学者選抜・教育課程・進路支援・連携事業）		
	地域における連携先の中学校※との交流・連携事業の実施			

指定校（パイロット校）（予定）：茅ヶ崎　　足柄　　厚木西

※　「みんなの教室」のモデル事業を進める市町村（および周辺地域）の公立中学校

図1　神奈川県教育委員会　県立高校改革実施計画Ⅰ期

「公立の役割を踏まえて，学習の遅れなどの課題のある生徒を受けとめられるよう，既設校における支援体制の充実を図っていくとともに，地域バランスを勘案しつつ，県立高校全体の再編・統合の中で，そうした機能をもった学校の設置を検討していく必要がある」

　また，同報告書「Ⅳ神奈川の教育の諸課題に対する調査会意見3　特別支援教育⑴　インクルーシブ教育の推進」では，次のように書かれている。

　「これから障害のある生徒の進路選択の幅をさらに拡大するためには，発達障害などの支援を要する生徒に対し，インクルーシブな教育を実践できる高校づくりを県立高校全体の再編・統合の中で検討し，より連続性のある特別支援教育を実現していく必要がある」

　この報告書を受けて先ほどの高校改革基本計画が策定され，2023（令和5）年現在では14校，そして2024年度入学者からは，4校増えて18校になる。

　そのときに地区の特別支援学校は，センター的機能を働かせて，インクルーシブ教育実践推進校を支援することになっている。

　一般の教育から分離されていた特別支援学校が，インクルーシブ教育推進を直接支援できる立場になったと，筆者は感慨深かった。

[文献]

神奈川県教育委員会．（2015）．県立高校改革実施計画Ⅰ期．

神奈川の教育を考える調査会．（2013）．神奈川の教育を考える調査会のまとめ．

中央教育審議会初等中等教育分科会．（2012）．共生社会の形成に向けたインクルーシブ教育システム構築のための特別支援教育の推進（報告）．

辻村泰男・小柳恭治・村井潤一・玉井収介・伊藤隆二．（1974）．統合教育―障害児教育の動向―．福村出版．

津田道夫・斉藤光正・木田一弘．（1976）．権利としての障害者教育．社会評論社．

文部科学省．（2007）．特別支援教育の推進について（通知）．

コラム

授業のユニバーサルデザイン

　インクルーシブ教育の理念である「障がいの有無にかかわらず，ともに学ぶ」ことは，理想論だといわれることがある。その一因に具体的な手立てがイメージしにくいことが挙げられる。しかし，現在は，具体的な方法論があるといえる。それが，授業のユニバーサルデザインである。

　授業のユニバーサルデザイン学会が提唱している授業のユニバーサルデザインとは，「特別な支援が必要な子を含めて，通常学級の全員の子が『わかり・できる』ことを目指す授業デザイン」（小貫・桂, 2014）としている。

　そのために行う授業の工夫には，授業の狙いの焦点化，音声言語だけに頼らず，写真や絵や図表を用いる視覚化，そして，ペアトークやグループワークを取り入れる共有化などが知られている。

　その具体的な方法には，特別支援教育で培ってきた個別の配慮が取り入れられている。そもそも教科教育の最先端の知見を参考にして授業をデザインしたうえで，それでも授業に参加できないような子どものために特別支援教育で培ってきた個別の配慮をしていくというアイデアである。

　発達障害のある子どもが授業で苦戦することを想定して，「クラス内の理解の促進」「ルールの明確化」「時間の構造化」など14の視点から具体的な手立てが示されているので，教員にとっても実践しやすい。

　しかし，このような工夫は，授業のユニバーサルデザインの第一段階である。第一段階は，授業環境の整備，第二段階は，授業視点の導入，第三段階は，課題解決の設定となっているからである。

[文献]
小貫　悟・桂　聖. (2014). 授業のユニバーサルデザイン入門—どの子も楽しく「わかる・できる」授業のつくり方—. 東洋館出版.

第12章
基礎教育保障と共生社会

長岡智寿子

1. はじめに

「日本には読み書きができない人はいないと思っていた」，「日本にも，成人が読み書きを学ぶクラスがあったのですね」と驚かれたことがある。それは，以前に筆者がASPBAE（Asia South Pacific Association for Basic and Adult Education：アジア南太平洋成人教育協議会）の会合にて，日本の社会教育活動の事例として夜間中学の活動を紹介した際，諸外国からの参加者からいただいたコメントである。彼らから驚きの声が聞こえてきても無理はないといえる。なぜなら，国際的な指標では，日本の成人の識字率は限りなく100％に近い数値で報告されているからである。おそらく，読者においても，日本は先進国の中でも経済的な豊かさを誇る平和な国というイメージも重なり，読み書き能力が乏しいために，就労のみならず，日常生活を営むことさえも困難な状況に置かれている成人が存在しているとは考えられないのではないだろうか。

しかし，直近の国勢調査（2020年10月実施）によれば，義務教育未修了者は約90万人に及ぶことが報告されている。基礎的な教育を受けることにより，私たちは自らの安全を確保し，生活を営む最低限の権利を獲得することとなる。つまり，文字を学ぶことは，「生き抜くため」であり，何よりも「生きること」なのである。

本章では，誰もが共に生きる社会の創造に向け，生涯学習の観点から，おとなが学ぶことの意義や成人期の学びの様相について国際的動向を把握する。次に，日本社会における基礎教育の課題について今日の動向を確認する。そして，夜間中学における学びを手がかりに，基礎教育保障をめぐる問題点を整理し，共生社会の実現に向けての課題を検討する。

2.「おとなが学ぶこと」の今日的動向──生涯学習の観点から

　「学ぶこと」「学習」と聞けば，多くの場合，学齢期の子どもを対象にした学校教育を念頭に考えられるのではなかろうか。人の一生には誕生から死に至るまで，ある一定の発達のプロセスがあり，大まかな年齢の区分ごとに示される発達段階に応じた発達課題により説明される。しかし，おおむね，一定の方向性は確認できるものの，今日の多様化する人々の生活様式や生き方を考慮すれば，人生各期のライフイベントにおいても変化が激しく，年齢区分による発達課題は必ずしも当てはまらない部分も多いといえる。日本人の平均寿命は男女ともに80代となり，「人生は100年」とする生き方を考えていく時代となった。つまり，人の一生において，成人期以降の時間があまりにも多くを占めており，雇用期間の延長や見直しのほか，新たに必要なスキルを学ぶリカレント教育（リスキリングなどの社会人の学び直し）を支援する企業も増えてきている。

　しかし，ここで問われなければならないことは，学齢期の子どもを対象とする学びと同様の学習活動，スタイル等をおとなに求めることではない，ということである。「『教育』の本来の意味は，『人間の可能性を社会的に価値ある方向に実現するいとなみ』であり，社会の中でいとなまれる多くの教育とは，『教えない教育』であること，あるいは，『学び合い』の場を設営することこそが教育なのだ」（堀，2022, p.12）という成人の学習の考え方を提示しておきたい。

　おとなの学ぶことの意味を考えるに際し，生涯学習（Lifelong Learning）について確認しておこう。生涯学習とは，1965年にパリ本部のユネスコ（UNESCO: 国連教育科学文化機関）の職員であったラングラン（P. Langlan）により提唱された概念である。それまで主流とされていた「フロント・エンドモデル」（教育期・就労期・就労期からの引退期が直線的に配列されるライフサイクル）ではなく，必要に応じていつでも学びの場に戻ることが可能となる「リカレント・モデル」を提起するものである。リカレント・モデルは，フルタイム，パートタイムの別はあれども，教育が就労期や余暇期においても配置され，青年期の学校教育後も教育の場に戻ることができる点が特徴となる。変化の激しい社会に取り残されないように，生涯にわたる学びの必要性は，今日においては人の一生

を左右する重要なメッセージであるといえる。

　成人の学習の重要性については，2022年6月，モロッコのマラケシュにて開催された第7回国際成人教育会議（Confintea Ⅶ）においても強調された。国際成人教育会議は12年に一度開催される国際会議であるが，第7回会議においては，「成人教育は世界を変える（Transformation in Adult learning and education）」ことが提起された。国際成人教育会議は，西欧社会を中心に，第二次世界大戦後の国際理解，異文化理解を念頭に成人教育の必要性に関する議論が出発点であった。近年では，1990年のEFA（Education for All），2000年からのMDGs（ミレニアム開発目標），そして，2015年から2030年までのSDGs（持続可能な開発目標）という，国際的な開発目標と歩調を合わせながら，成人の学習がいかに人の生活を豊かなものにする原動力となるのかが提示されるようになってきた[1]。

　第7回会議における「マラケシュ行動枠組み」[2]においても，成人教育は，生涯学習の中核をなすものであることが再確認され，学習領域の拡大として，SDG 4.6（2030年までに，すべての若者および，大多数〈男女ともに〉の成人が，読み書き能力および基本的計算能力を身につけられるようにする）の達成に向けた施策を実施するための努力を大幅に強化することが加筆された。持続可能な社会の創造に向けて成人教育の役割が強調されるようになり，政治レベルの国際会議というよりも，市民社会の主導的役割が高まってきていることも今日的な特徴であろう。

3.「義務教育未修了者」という存在

　では，日本社会における基礎教育をめぐる動向について確認していこう。冒頭で示したように，国際的にも日本の識字率（日常生活における簡単な文字の読み書き，計算能力を示す割合）は，限りなく100％に近い数値により報告されており，一般には，「日本には読み書きができない人はいない」と考えられている。しかし，ひらがなの読み書き能力さえ乏しく，成人しても社会に参画することが困難な状況にある義務教育未修了者が存在している。文部科学省の正確に義務教育未修了者を把握したいという意向を踏まえ，2020年の国勢調査から，次のような変更点があった。それは，「在学，卒業等教育の状況」における最

表1 未就学者と最終卒業学校が小学校の人の年代別表

	未就学者			最終卒業学校が小学校の人		
	総数（人）			総数（人）		
		日本人（人）	外国人（人）		日本人（人）	外国人（人）
総数	94,455	85,414	9,024	804,293	784,536	19,731
15〜19歳	1,760	1,563	197	302	144	157
20〜24歳	2,632	1,706	926	1,084	484	600
25〜29歳	2,721	1,665	1,056	1,424	643	781
30〜34歳	3,402	2,346	1,053	1,976	803	1,172
35〜39歳	3,794	2,885	908	2,245	988	1,255
40〜44歳	4,357	3,514	841	2,707	1,148	1,558
45〜49歳	5,102	4,239	863	3,456	1,454	2,002
50〜54歳	4,753	3,956	797	3,417	1,393	2,022
55〜59歳	5,246	4,659	586	3,246	1,659	1,587
60〜64歳	5,912	5,489	420	4,308	2,923	1,385
65〜69歳	7,456	7,181	274	6,333	5,013	1,320
70〜74歳	8,404	8,205	197	9,217	8,220	996
75〜79歳	8,212	8,042	169	20,159	19,229	928
80〜84歳	9,832	9,594	237	61,422	59,975	1,446
85〜89歳	10,028	9,831	195	279,791	278,202	1,584
90〜94歳	7,221	7,027	194	276,503	275,795	702
95歳以上	3,623	3,512	111	126,703	126,463	236

注：2020年国勢調査より
出典：教育新聞（https://www.kyobun.co.jp）をもとに作成

終卒業学校の項目を，従来の「小学・中学」から，「小学」を独立させて調査を実施したことである。

　2022年5月下旬に公表された調査結果によると，最終学歴が小学校卒業の人は80万4293人（うち外国人1万9731人），そのうち80歳以上が約75万人と9割強を占めた。若年層においても，義務教育を修了していない人が一定数存在することが明らかになった。そして，小中学校に在学したことがない，あるいは小学校を卒業していない「未就学者」は9万4455人（うち外国人9024人）という実態が明るみになった（表1参照）。その多くは，幼少期に貧困等の理由により就学の機会をもてなかった人のほか，「形式卒業者」という，何らかの理由により，小学校，中学校を長期欠席したり，不登校であったにもかかわらず，形

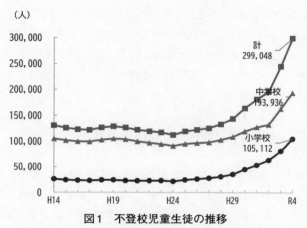

図1 不登校児童生徒の推移

出典：文部科学省「令和4年度 児童生徒の問題行動・不登校等
生徒指導上の諸課題に関する調査結果の概要」p.20

式的に卒業証書を授与された人である（図1参照）[3]。その他，近年では，日本在住で外国籍の人やその家族，外国人技能実習生制度のもとで来日した実習生たちも含まれる。

　基礎教育の機会を逸してきた人たちはどのように日常生活を過ごしてきたのだろうか。具体的には次のような経験が，語られることが多い。

・友だちがいない。話し相手がいない。
・病院で受診する科がわからなかった。問診票などにも氏名を書くことができなかった。
・買い物でも割引の計算ができなかった。
・駅で切符が買えなかった。
・読み書きが必要のない仕事しかできない。
・仕事に就けても，日報などを書くことができなかった。
・自分宛に届いた手紙は捨てた。
・自分は生きる価値がないと感じた。

　孤独であり，厳しくつらい経験を重ねてきたことが想起される。基礎的な教

育を受けていなければ仕事には就くことさえ困難であろう。「文字と向き合うことが苦痛を強いられる」こととなり，文字を避けてしまう生活を送ることになった人もいる。「読み書き能力を求める社会」がもたらす「格差」や「負の側面」を放置するのではなく，基礎教育をすべての人が享受できる社会を築いていくことが求められる。

4.「夜間中学」という学びの場とその存在意義

　夕方から始まる夜間中学には，さまざまな背景を抱えた人たちが集っている。仕事や家事に追われ，時計とにらめっこしながら足早に学校の門をくぐる夜間中学生らは，皆，「もう一度，学びたい」「読み書きができるようになりたい」という切実な思いを抱きながらの登校である。

　夜間中学は，戦後の混乱期，貧困のため，多くの子どもたちが労働，家事手伝いに従事せざるを得ない状況等，学校に通うことができない学齢期の子どもが多く存在したことから，1947年，大阪府立生野第二中学校（1949年に勝山中学校と校名変更）にて，教育現場の努力において，夜間学級を開設し，二部制（昼・夜）として学習の機会を提供したことが始まりであった。以降，夜間中学は1954年に12都道府県において87校，1955年の在籍生徒数5208人をピークに設置校数，生徒数も減少を続けている。

　今日においてもさまざまな理由により義務教育を修了できなかった人や，不登校等のためにほとんど学校に通えなかった人，また，本国や日本で義務教育を修了していない外国籍の人などが学んでいる。今や，在籍生徒数の約8割は外国籍の人，または，外国につながる人たちとなり，教室は国際色豊かな学びの空間となっている。しかし，昼間の中学校と同じ，公立の中学校である。

　○授業料は無償
　○週5日間の授業がある
　○教員免許を持っている公立中学校の先生が教える
　○すべての課程を修了すれば中学校卒業となる

文部科学省では，2016年12月「義務教育の段階における普通教育に相当する教育の機会の確保等に関する法律」（以下，教育機会確保法）が成立して以降，同法において，地方公共団体は夜間中学における就学機会の提供等の措置を講ずるものとされたこと等を踏まえ，夜間中学に関する実態等について調査を実施した。結果概要は以下のとおり。

①夜間中学に通う生徒数：1729名　そのうち，
　　日本国籍を有しない者 ……… 1384名（80％）
　　義務教育未修了者 …………… 197名（11.4％）
　　入学希望既卒者 ……………… 148名（8.6％）
②夜間中学で学ぶ生徒の年齢
　　60歳以上の生徒 ……………… 404人（23.4％）
　　16〜19歳の生徒 …………… 330人（19.1％）
③夜間中学卒業後の進路
　　高等学校進学 ………………… 154人（58.8％）
　　就職 …………………………… 39人（14.9％）

　夜間中学卒業後の進路については高等学校進学者が154人（58.8％），就職した人が39人（14.9％）となっている。高等学校進学者のうち，約5割が日本国籍を有しない人たちであるが，自らの進む道を定め，継続して学ぶ機会を獲得していく力強い姿が映し出されている（表2）。

　今日，夜間中学をめぐる社会的意義は次第に見直されてきているのではなかろうか。関西で夜間中学校の開設運動に半世紀にわたって関わってきた元新聞記者の川瀬（2019）は，「夜間中学校とは一体，何だったのか」「夜間中学校がなぜ必要とされるのか」，その役割や存在意義について自問を繰り返している。「運動の過程で人々（運動に参加する人，行政担当者，メディア）が多くのことを学び，義務教育未修了者，不就学者の姿を知り，学んだことが重要であった」ことを述べている（川瀬，2019，p.466）。また，夜間中学校の増設運動に取り組んできた教員らは，学習者の実態と真正面から向き合わないと，夜間中学の学習は成立しないことを提起し，夜間中学で実践してきた「学び」を次のように

表2　夜間中学卒業後の状況（2018〈平成30〉年度卒業生）

卒業後の状況別	日本国籍を有する者	日本国籍を有しない者	合計
高等学校進学	27人 （10.3%）	127人 （48.5%）	154人 （58.8%）
専修学校進学	0人 （0.0%）	2人 （0.8%）	2人 （0.8%）
就職	3人 （1.1%）	36人 （13.7%）	39人 （14.9%）
その他	15人 （5.7%）	52人 （19.8%）	67人 （25.6%）
合計	45人 （17.2%）	217人 （82.8%）	262人 （100%）

出典：文部科学省（2021）をもとに作成

分析し，問題提起を行っている（『生きる　闘う　学ぶ』編集委員会, 2019, pp.2-3）。

・自己否定から自己肯定へと転換を図る学び。
・生き方，人生，生い立ちを学習の中に登場させる。
・暗記する学びから，分からなければ自分で調べる，その調べ方を学ぶ。
・学習者が学ぶ意味を実感できる内容。
・指導要領のいう教科の枠に拘束されない学び。
・教える者，教えられる者の固定化を排除し，その立場が変化していく学習
　と展開を追求する。

　夜間中学を必要とした人たちが提起した「学び」とは，「生活の現実から出発し，孤立してきた人と人とを結び，仲間をつくる」（同前, 2019, p.3）ものであったのだ。設定されたカリキュラムに従って学ばなければならない「学校型教育様式」とは異なり，自らの存在意義を確かめ，自己肯定感を育む学びのあり方を追求していくことである。このことは，新しく知識を獲得しつつも，さまざまな境遇の中で生活を生き抜いてきた仲間との連帯により，ともに社会参加を果たしていくことへつなげていくことを示唆している。知識を詰め込み，難問を解き，優秀な成績を収めることを求める教育ではないのである。夜間中学での学びは，自らの存在を確かめ，学習者を孤立させるのではなく，ともに

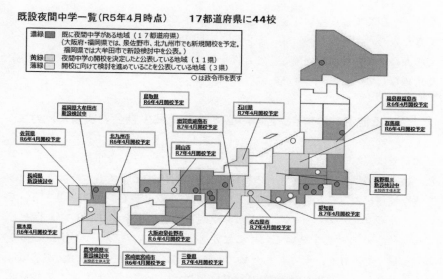

既設夜間中学一覧（R5年4月時点）　17都道府県に44校

濃緑 ▆　既に夜間中学がある地域（17都道府県）
　　　　（大阪府・福岡県では、泉佐野市、北九州市でも新規開校を予定。
　　　　　福岡県では大牟田市で新設検討中を公表。）
黄緑 □　夜間中学の開校を決定したと公表している地域（11県）
薄緑 □　開校に向けて検討を進めていることを公表している地域（3県）
○は政令市を表す

福岡県大牟田市
新設検討中

佐賀県
R6年4月開校予定

北九州市
R6年4月開校予定

長崎県
新設検討中

熊本県
R6年4月開校予定

鹿児島県
新設検討中
未検討自治体未定

宮崎県宮崎市
R6年4月開校予定

大阪府泉佐野市
R6年4月開校予定

三重県
R7年4月開校予定

鳥取県
R6年4月開校予定

滋賀県湖南市
R7年4月開校予定

岡山市
R7年4月開校予定

石川県
R7年4月開校予定

名古屋市
R7年4月開校予定

愛知県
R7年4月開校予定

長野県
新設検討中
未検討自治体未定

福島県福島市
R6年4月開校予定

群馬県
R6年4月開校予定

図2　夜間中学の設置・検討状況

出典：文部科学省ホームページ（https://www.mext.go.jp/a_menu/shotou/yakan/index_00003.htm）

歩み出すことを推進するものであるといえよう。

　教育機会確保法の成立以降（2016年），夜間中学の設置を含む就学機会の提供や必要な措置をとることが規定された。夜間中学の根拠法ともいえる同法の成立については，1954年の全夜中研（全国夜間中学校研究会）の第1回大会以来の法制化に向けた関係者の長きにわたる努力の成果であるといえる。国は，「全国の都道府県および政令指定市に少なくとも一校以上の夜間中学の設置」という目標を掲げるようになった。夜間中学は長い間，法的な根拠がなく，国の教育行政から無視されるような状態であった。そのような経緯からも，教育機会確保法の成立は画期的な変化であったと考えられる。しかし，社会的な認知は法律が成立したとしても急に進むことはない。数少ない公立夜間中学の設置自治体においてさえ，夜間中学の存在はあまり知られていないのが現状である。近年の設置状況は図2のとおりである。

　夜間中学で学ぶ人たちの経験・年齢・国籍・文化等の多様性は，むしろ，今日の社会を豊かにしてくれるものではないだろうか。かつて，「あってはなら

ないが，なくてはならない学校」といわれてきただけに，さまざまな経験を経てきた人たちが机を並べ，学んでいる。夜間中学の役割と必要性を広め，すべての人に学びの機会を保障し，多様性を尊重する社会を創造していくことが強く求められている。

5.「異なる他者」との学び合いの必要性——共生社会の実現に向けて

　本章では，基礎教育保障の観点から，夜間中学での学びを事例に検討してきた。彼らの姿は現代の日本社会の縮図として捉えることができよう。人はどのような境遇にあろうとも，学ぶことにより自らを取り戻し，人生を切り開いていく力を秘めている。すべての人が基礎的な教育の機会を確保し，人権としても保障される社会を築いていくことが必要ではないだろうか。学びのあり方も多様であろうが，セカンドチャンスとしての学びを奨励する社会が求められる。とりわけ，共生社会の実現に向けて問われるべきは，私たちの姿勢や態度ではないだろうか。「共生」について考える際，社会的弱者（障がいを抱えている人，生活困窮者，女性，外国人，LGBTQなど），または，特殊な事情を抱えている人たちを事例に，彼らの存在をどのように受け止め，関わっていくのかに焦点を当てて説明されることが多い。しかし，権力を保持している人（主流派）と保持していない人（少数派）という二項対立の構図を描くのではなく，そのような関係性に疑問を抱くことから，「異なる他者」の存在を認め，尊重し合う態度や自己肯定感を育む心などが不可欠であり，学び合いから多くの可能性が見出されていくものと考える。

[注]
1　EFA（Education for All：万人のための教育）とは，1990年にタイのジョムチェンで開催された「万人のための世界会議（Education for All）」にて，世界中の人々が読み・書き・計算などの基礎的な教育を受けることができる状態を目指すために，EFA行動枠組み（The Jomtien Framework for Action）が採択され，宣言されたスローガンである。教育が基本的な人権であるという概念を再確認するとともに，子どもから成人まで，年齢に関

係なく，基礎教育の機会を逸してきた人々が学ぶ機会を取り戻していくことも含まれており，「拡大された基礎教育の機会」として，生涯学習を展開していくことにほかならない。「EFA運動」として展開され，2000年からのMDGs（ミレニアム開発目標），2015年から2030年までのSDGs（持続可能な開発目標）にも引き継がれている。詳細は下記のとおり。

https://unesdoc.unesco.org/ark:/48223/pf0000127583

https://unesdoc.unesco.org/ark:/48223/pf0000190214

https://en.unesco.org/sustainabledevelopmentgoals

2 「成人教育は，生涯学習の中核をなすものである。すべての若者と成人が，社会と仕事の世界に参加できるようにすることを目的とした，あらゆる形態の教育と学習で構成される。成人教育とは，社会から成人とみなされた人々が，自分自身と地域・組織・社会の利益のために，生活と仕事のための能力を開発し，向上させるための，フォーマル，ノンフォーマル，インフォーマルな学習プロセスの総体を指す。成人の学習・教育には，能力を獲得し，認識し，交換し，適応させる持続的な活動とプロセスが含まれる。若者期と成人期の境界線は，ほとんどの文化で変化している。この文書では，「成人」という用語は，たとえ法定成年に達していなくても，成人の学習・教育に携わるすべての人を指す。（「成人学習及び成人教育に関する勧告」2015年，6頁）」（文部科学省ホームページ　https://www.mext.go.jp/a_menu/ikusei/gnlc/1367840_00001.htm　第7回国際成人教育会議「マラケシュ行動枠組み」成人学習及び成人教育の変革力を活かすために，脚注（※1）より）。

3 直近の報告では，小学校，中学校における不登校児童生徒数は29万9048人となり，過去最多となっている。教育機会確保法（2016年）の成立により，形式卒業者も夜間中学への入学が認められるようになった。

［文献］

『生きる　闘う　学ぶ』編集委員会（編）．（2019）．生きる　闘う　学ぶ—関西夜間中学運動50年—．解放出版社．

江口　怜．（2016）．夜間中学政策の転換点において問われていることは何か—その歴史から未来を展望する—．〈教育と社会〉研究，*26*，35-48.

川瀬俊治．（2019）．夜間中学増設運動がいま直面していること—「最低一県に一校の夜間中学開設を」に挑む—．『生きる　闘う　学ぶ』編集委員会（編）．生きる　闘う　学ぶ—関西夜間中学運動50年—（pp.457-467）．解放出版社．

見城慶和．（2002）．夜間中学校の青春．大月書店．

長岡智寿子．（2020）．日本社会における成人の基礎教育保障に向けて．長岡智寿子・近藤牧子（編著）．生涯学習のグローバルな展開—ユネスコ国際成人教育会議がつなぐSDG4の達成—（pp.115-123）．東洋館出版社．

長岡智寿子．（2023）．「夜間中学」という学びの「場」—教育保障をめぐる今日的課題から—．

田中雅文（監修），柴田彩千子・宮地孝宜・山澤和子（編著）．生涯学習と地域づくりの
　　ハーモニー──社会教育の可能性（pp.58-67）．学文社．

堀　薫夫．（2022）．教育老年学．放送大学教育振興会．

文部科学省．（2021）．初等中等教育局初等中等教育企画課教育制度改革室長　白井　俊，「夜
　　間中学の必要性と文部科学省における取組について」，第67回全国夜間中学校研究大会口
　　頭発表資料．

映像で伝える夜間中学の存在意義：
ドキュメンタリー映画「こんばんは Ⅱ」

　筆者は元夜間中学校の教員らが中心に活動する「夜間中学校と教育を語る会」（以下，「語る会」）において，ドキュメンタリー映画「こんばんは Ⅱ」（2019年，37分）の上映会を行う活動に関わっている。「語る会」では，以前にも東京都墨田区文花中学校夜間学級に学ぶ人たちを記録したドキュメンタリー映画「こんばんは」（2003年，92分）を制作している。貧困で就学できなかった人，外国からの帰国者，不登校者など，義務教育未修了者が集い，"学ぶ"ことの楽しさや友情を育むといった，「学校」の原点が描かれた作品であった。

**映画「こんばんは Ⅱ」
英語字幕版のチラシ**

提供：「夜間中学校と教育を語る会」
出典：「こんばんは Ⅱ」ホームページ
（http://www.konbanha2.com/）

　2016年12月，「義務教育の段階における普通教育に相当する教育の機会の確保等に関する法律」が成立して以降，日本政府は「すべての都道府県・指定都市に夜間中学を少なくとも一校設置」するという「夜間中学拡充方針」を提示している。しかし，現状では，夜間中学の設置はさほど進展してはいないどころか，「夜間中学」の存在さえ，知る人は少ない。

　「語る会」では，夜間中学の設置促進を目指し，夜間中学の生徒・卒業生や自主夜間中学の学習者9名の証言を撮った記録映画を新たに制作することになった。さらに，夜間中学の社会的認知度と価値を高めていくために，2019年10月より，「全国夜間中学キャラバン」に取り組んできた。「義務教育未修了者とは，どのような存在であるのか」，ともに考えてい

くために，各地で映画の上映会を実施してきた（2023年2月に終了）。また，筆者においては本文の冒頭で紹介したエピソード（今日の日本において，文字の読み書きができない成人が存在することに驚かれたこと）により，広く日本社会の現状を世界に伝えていく必要性から，映画「こんばんはⅡ」に英語字幕をつけてはどうかと提案し，英訳作業の難しさも知ることとなった。

　映像の力は素晴らしく，上映会のたびにさまざまな感想が寄せられてきている。とりわけ，本活動が契機となり，新たに6校の自主夜間中学が誕生したことは大きな成果といえるだろう。

※長岡智寿子，「Konbanwa Ⅱ」英語字幕版　完成の背景，口頭発表資料，2022年3月26日，アクロスあらかわ於

第13章
地域共生社会へのコミュニティ心理学的アプローチ

渡邉由己

1. 「共生」と心理学

「共生」とはどのようなことであろうか？ 尾関（2016）は，生物学でよく知られている「共生」が，20世紀後半の日本において生物学的意味を超えて，人間―自然関係や人間―人間関係をめぐる多種多様な場面や次元において語られるようになったと指摘している。すなわち自然界において環境を共有する動植物が相利的・片利的な関係で生息する現象を指すことから，自然環境を改変・破壊する人間と自然環境との関係性，あるいは社会・文化・経済状況や障がいの有無など人間の多様性，多元性からくる関係性といった次元にまで広がりを見せている，ということである。

本書で扱っている「共生」も，その中心は多様で多元な人間―人間関係をめぐる「共生」としての共生社会がテーマである。尾関（2016）は人間―人間関係における「共生」を，多様性，多元性からくる異質感に始まる関係性の変化というプロセスの中に位置づけている。それは関係性が「敵対」「共存」「共生」「共同」へと至るプロセスであり，人間の行動や考え方，信念や感情といった「心のありよう」が変化するプロセスでもあることから，行動や認知を扱う心理学により理解や探求を深めることが大いに可能である。

尾関（2016）はこのプロセスを踏まえて「共生」概念の構成要素を表1のように示している。これらの構成要素と心理学を結びつける例としては，以下のようなものが考えられる。

「a) 一方的な同化や排除でなく，お互いの違いを違いとして承認する」とは，人間の多様性，多元性を尊重するということである。人間の多様性と関連する個人の特徴については，人格や性格といった観点などから個人の行動や認知的特徴を探求する心理学的アプローチがある。「b) 対立，抗争を認めるが，

表1 「共生」の構成要素

a）一方的な同化や排除でなく，お互いの違いを違いとして承認する
b）対立，抗争を認めるが，暴力による解決は否定する
c）実質的な平等性とコミュニケーション的関係を追求する
d）差違の中での自己実現と相互確証をはかる
e）「共生の欺瞞を暴露する」という批判的意識が必要である
f）ある種の「力関係における対等性」のようなものを考えていく必要がある
g）お互いの個性や聖域を多様性として尊重しつつ共通理解を拡大していく
h）「共生」を踏まえた相互援助・協力から新たな共同性を探る

出典：尾関（2016）

暴力による解決は否定する」は，対立や抗争の背景にある怒りや攻撃性といった個人の内的特性と，これらが行動としてどのように表出されるのか，暴力という行動を避けるためにどのような認知的方略や感情コントロールが可能なのか，といった心理学的アプローチを関連づけることができる。

「c）実質的な平等性とコミュニケーション的関係を追求する」とは，共生する人々が形式的・理想論的でなく生活上の平等が実現されていることであり，コミュニケーションに基づく相互理解によりなされる，ということである。関係性が「敵対」に始まるのであれば，コミュニケーションを介して違いが理解され，相互の尊重を認識し，よりよい相互関係を志向した共同へと進んでいくのが「共生」プロセスとして望ましい。コミュニケーションにおける「自己開示」「自己呈示」「説得」といった役割や，言語・非言語コミュニケーションの機能は心理学でさまざまに探求されている。

「d）差違の中での自己実現と相互確証をはかる」は，人間にはさまざまな差違があることを認めたうえで各自の自己実現を目指し，このような態度が妥当であることを互いに認識することである。ここで自己実現とは「自分のもつ可能性を自ら発揮し，自らがありたいと思う状態に近づくこと」である。人間性心理学の立場からマズロー（A. Maslow）は，人間の欲求は階層をなしており低次の欲求が解消されるとより高次の欲求が中心的になる，そして最も高い水準の欲求が自己実現欲求である，としている。

「e）『共生の欺瞞を暴露する』という批判的意識が必要である」は，「共生」という，耳に心地よい言葉のイメージに紛れて実際には実質的な平等が実現さ

れていない欺瞞も起こり得るので批判的な意識を忘れないように，ということである。心理学のみならず実証科学において批判的思考（クリティカル・シンキング）は重要な態度とされている。

「f）（上記eを見失わないために）ある種の『力関係における対等性』のようなものを考えていく必要がある」におけるある種の「力関係」とは，社会的地位や経済性など客観的に判断しやすいものから，個人間や集団間における心理的な力動性（ダイナミクス）までを含む。後者については社会心理学や精神分析理論，ストレスに関する心理学的理論などから理解を深めることができる。

「g）お互いの個性や聖域を多様性として尊重しつつ共通理解を拡大していく」は，a）やc）と同様な心理学分野からの理解が可能である。多様性について少し補足をすると，個人の特徴には生得的にもっている傾向と，さまざまな人々や社会，文化，宗教などに触れた結果，あるいは特別な体験に遭遇した結果形成される傾向とがある。これらを合わせて個人の多様性，多元性であり，可能な限り尊重する必要がある。

「h）『共生』を踏まえた相互援助・協力から新たな共同性を探る」は，「敵対」「共存」「共生」「共同」のプロセスにおいて「共生」から「共同」へ向かわせる構成要素となるであろう。「共存」に比べて「共生」では，人々の生活空間の共有化という要素がより多く含まれると考えられるので，生活場面における助け合いや協力関係が重要となる。これらの行動は「向社会的行動」と呼ばれ，援助行動や協力行動がいつごろから見られるようになるのか，どのような要因がこれらの行動を促進，あるいは抑制するのかなどが発達心理学や社会心理学等で探求されている。

このように「共生」をめぐる人間の行動変化やその背景を心理学の点から理解・探求することが可能であり，共生社会を形成し発展させるための課題やその解決に貢献することも可能である。

演習課題1

　「敵対」「共存」「共生」「共同」のプロセスについて，以下の人間共生では具体的にどのようなプロセスとなるか，考えてみよう。

1）身体の障がいをもつ人々と障がいのない人々の共生
2）精神の障がいをもつ人々と障がいのない人々の共生
3）子どもと大人の共生

2．コミュニティ心理学とは

　表1を踏まえて，共生社会の実現とは多様・多元な人々が実生活において相互尊重のもと安全で主体的な生活が送れる，ということを意味する。これは個人が所属するさまざまなコミュニティにおいて実現すべき課題となる。心理学の一分野であるコミュニティ心理学は，コミュニティレベルでの人々の心のありようを扱っていくが，現代社会はコミュニティも多様であるため地理的な地域に基づくコミュニティのほか，たとえばインターネット上で交流する集団などもコミュニティと考え対象としている。

　コミュニティ心理学の定義についてはいくつか示されているが，山本（1986）は「さまざまな異なる身体的・心理的・社会的・文化的条件をもつ人々が，だれも切りすてられることなく，ともに生きることを模索するなかで，人と環境の適合性を最大にするための基礎知識と方略に関して，実際におこるさまざまな心理的社会的問題の解決に具体的に参加しながら研究をすすめる心理学である」と定義している。この定義に従い，「敵対」「共存」「共生」「共同」のプロセスに当てはめるならば，多様・多元な人々がさまざまな困難を乗り越えて「敵対」から「共同」へとより望ましい共生社会を構築するプロセスに対して心理社会的問題解決の点からコミュニティに関わっていく，そしてコミュニティを構成する個人とそれを取り巻く環境との乖離を可能な限り減じ，バランスをとるための知識と方策を探求し，よりよい共生社会構築に寄与する，ということがいえるであろう。ここで，「人と環境の適合」に関してコミュニティ心理学には独自の知識と方策が存在するが，「共生」の構成要素について関連づけをした社会心理学や発達心理学など他の心理学領域からの知識や理論も取り入れつつ，コミュニティの状況に応じた心理社会的問題の解決を目指していく。このようにコミュニティ心理学は応用心理学的な側面をもった実践的心理学である。

3. コミュニティ心理学の理念と共生社会を志向したコミュニティ心理学的実践

　植村（2017）はコミュニティ心理学の主要な理念について表2を挙げている。a）の「人と環境の適合」については山本（1986）によるコミュニティ心理学の定義でも挙げられているが，心理学では，注目している個人を取り巻く人的存在も含めて環境と表現する。したがって，たとえば障がいの有無を超えた共生社会を志向する場合に，障がい児・者と周囲の人々のコミュニケーションに基づく相互理解を深める過程で生じるさまざまな心理的困難への援助や解決に寄与することが，コミュニティ心理学的実践に求められる。

　b）の「社会的文脈の中の存在としての人間」とは，自然科学的発想を取り入れた現代心理学の中でコミュニティ心理学の特徴を示すものでもある。心理学の基本的な目標は，人間の心の機能について状況を超えた法則性や理論を確立することにある。コミュニティ心理学ではこのことを土台としながらもコミュニティの状況要因を常に考慮し，人々の生活に現れる心のありようを扱うことに独自性がある。たとえば暴力や犯罪といった行動への閾値を高め，相互援助的な地域づくりを志向して，街中の落書き消去や防犯活動を地域ぐるみで行うことなども，コミュニティの状況を変化させ人々の共生意識を高めるという点からコミュニティ心理学的実践に含まれる。

表2　コミュニティ心理学の主要な理念

a）人と環境の適合を図ること
b）社会的文脈の中の存在としての人間という視点
c）人が本来持っている強さとコンピテンス（有能性）を重視すること
d）エンパワメント（力の獲得）という考え方
e）治療よりも予防を重視すること
f）人の多様性を尊重する姿勢
g）代替物を選択できること
h）人々がコミュニティ感覚を持つこと
i）他の学問や研究者・実践家とのコラボレーション（協働）
j）社会変革を目指すこと

出典：植村（2017）

c) の「強さとコンピテンス」は，すべての人々が本来もっている回復力，成長力，有能感や主体性を信頼し，その発現を促す実践ということである。経済的困窮や身体・心理的困難，マイノリティの立場などにおいて「弱さ」や「劣り」といった否定的側面へ注目する傾向があるが，これらの状況においても機能する健康な側面に着目し引き出す援助をすることで，周囲の人々とのコミュニケーションを促進させ相互理解が高まる可能性がある。

d) の「エンパワメント」とは山本（1997）によれば，「自治の精神にもとづいて，受動的な存在でなく自分たちの問題を自分たちで能動的に変えていこうとし，しかも変化させていくための資源を周りから引き出すために自発的に参加し自己決定していくという発想」をもち「環境との適切な折り合いをつけるために，環境側に積極的に働きかけ，環境から個人に適切な影響をうけるよう，環境側の変化を求める力を個人が獲得することにある」とされている。つまり，コミュニティにおける「共生」を実現するために当事者が主体的に取り組み自己決定していくプロセスの尊重であり，コミュニティ心理学における実践としてはこの促進に寄与する心理支援が中心となる。

e) の「予防の重視」はコストの問題にも関わってくる。たとえば偏見や差別等を背景としたハラスメントやいじめの結果として心理治療等が必要になるならば，そのコストは大きなものとなる。コミュニティ心理学における実践としてこれを未然に防ぐ予防的な働きかけの視点が共生社会の実現に役立つ。予防を志向した実践においては社会的価値観や教育的関わりなど心理学的知識や理論を超えた広い視野も必要である。

f) の「多様性の尊重」は，これまでに指摘しているとおり共生社会形成の基本である。心理学は人間に共通する心理機能，たとえば感覚や知覚，思考，感情，人格や行動などを探求する学問であるが，これらの個人差についても大きな関心を払い，臨床心理学は疾患や障がいによる影響も含めた心理的不適応としての個人的特徴に注目し支援を行ってきた。したがって伝統的な臨床心理学では「個人の変容により適応を果たす」という視点が重視されたが，コミュニティ心理学では個人を取り巻く環境，すでに述べたとおりこの環境には人間関係や所属集団といった人的環境も含み，心理的困難を抱える当事者の心理内面へ働きかけるだけでなく，それ以上に周囲の環境への働きかけによる解決可

能性に着目する。

　多様性が尊重されるためには，さまざまな社会的サービスや制度が個人の特徴や状況に影響されず提供される必要がある。しかしながら一つの制度やサービスですべての個人が最適な恩恵を享受することは難しい。g) の「代替物の選択」とはこうした観点からの柔軟性を意味するものであり，心理支援サービスであれば利用者が訪れる相談室支援のみならず，求めに応じて支援者が訪問するアウトリーチ型支援も用意されるなどが該当する。「共生する」人々の心理的困難が所属するコミュニティにおける日々の生活から生じているならば，支援サービスの利便性だけでなく即応性といった点からも有効な手段である。

　h) の「コミュニティ感覚」とは，コミュニティへの人々の所属感や相互依存意識に関わる感覚である。Sarason（1974）によれば「コミュニティに所属する人々の類似性を知覚している」「相互に依存的関係であることを認知している」「相手の期待に応える行動や，自分の期待に合致した相手からの行動などにより依存的関係が維持される感覚」「自分が依存可能な安定した大きな構造の一部分であるという感覚」（和訳は笹尾，2017より引用）からなる感覚である。コミュニティにおける人々の「共生」についてコミュニティ心理学的実践を行う場合，実践者はコミュニティ外の所属である場合もあるであろう。この場合コミュニティに所属する人々のコミュニティ感覚を理解し尊重することや，コミュニティ感覚を高める支援が求められる。

　i) の「コラボレーション」は「協働」と訳されることが多い。ここではコミュニティにおける人々の「共生」実現に取り組む研究者や実践家が，各自の拠って立つ学問領域や立場の差を超えて協働することと考えるのが妥当であろう。とくにさまざまな領域や立場から支援や実践が入る場合，コラボレーションが行われることで見通しや一貫性がコミュニティの人々に理解されやすくなる。また，渡邉（2022）にも指摘されるように，領域や立場の異なるメンバーであることにより創造性のある新たな実践が生み出されることも期待される。

　コミュニティにおける人々の「共生」では，偏見や差別，行動手段としての暴力など人権や身体的・心理的健康に関わるさまざまな課題を伴う場合がある。また，このような課題はあからさまに生じるというよりはコミュニティの雰囲気として徐々に現れ出たり，人々の無自覚な行動として現れ出たりする。

j）の「社会変革を目指す」とはこのような兆候への気づきと指摘，あるいは植村（2017）の指摘する「昨日よりは今日，今日よりは明日の方が，少しでも生きやすく住みやすい社会に変えていこう」という予防的で継続的な態度にほかならない。

4. よりよい共生社会実現に向けたコミュニティ心理学的実践とは

多様・多元な人々が「共生」することに関連する心理学と，コミュニティにおいて多様な人々が「共生」することに資するコミュニティ心理学的実践について，尾関（2016）のプロセスを参照しながら述べてきた。このプロセスにおいてよりよい共生社会とは，「共生」を超えて「共同」，すなわち人々の相互理解に基づいた助け合いや協力関係がコミュニティの日常生活で機能することである。たとえば身体障がいのある人が希望すれば電車の乗降に駅員の支援が付くようになってきているほか，移動に困っている様子が見られればその人に「何かお手伝いしましょうか？」と声をかける一般の人も見かけることは増えてきていると感じる。それでも人間の多様性，多元性とはまさに「多様」であり，「共生」や「共同」にまでプロセスを進められていない。それどころか尊重すべき多様性，多元性として認識できていないことすらあるかもしれない。

人間の多様性，多元性の尊重に基づく「共生」の実現を抑制する心理学的要因となる現代的特徴の一つとして，日常生活のありふれた言動として自覚の有無にかかわらず示される，偏見や差別を含むと受け取られるちょっとした言動，態度，状況の蓄積によるものを挙げることができるであろう。とくにSNSなどではメッセージを送る個人が軽い気持ちであっても，同様の個人が多数に及ぶことで受け手には大きなストレスとなってしまう。こうした状況はマイクロアグレッション（Microaggression）と呼ばれており，Sue（2010）では「ありふれた日常の中にある，ちょっとした言葉や行動や状況であり，意図の有無にかかわらず，特定の人や集団を標的とし，人種，ジェンダー，性的指向，宗教を軽視したり侮辱したりするような，敵意ある否定的な表現のこと」との定義が示されている。マイクロアグレッションはそれが蓄積的に向けられる個人において大きな心理的ストレスとなるほか，コミュニティの雰囲気とし

てとげとげしく攻撃的な様相を呈し,「共生」への方向づけを妨げることとなる。コミュニティ心理学的な実践としてはマイクロアグレッションに晒された個人への心理的ケアのほか,コミュニティの受容的・援助的な雰囲気を高める予防教育的アプローチなどが求められる。向社会的行動としての援助行動が共感によって促進されることが多く示されている（Batson, 2011=2012）ことから,人々の援助に関わる共感に働きかける内容が含まれるべきであろう。

　人々の「共生」がある程度実現されているコミュニティにおいても,その枠組みから分離・孤立してしまう場合がある。独居高齢者や家族介護世帯の一部はそのリスクを負っており,DV（ドメスティックバイオレンス）や児童虐待のリスクをはらんだ世帯も援助的なコミュニティから孤立しがちになることが予想される。ここではヤングケアラーの孤立を取り上げ,コミュニティにおける援助者の「共生」についてコミュニティ心理学的実践で何ができるか考えてみたい。

　村上（2022）は家族をケアする援助者について,それが援助者当人にとって「当たり前」の日常で逃げることができないこと,ケアが日常的に果たされているならばその困難が見えにくいため支援が受けにくいことを指摘している。こうした束縛感や援助要請の難しさに加え,ヤングケアラーの場合,身体的な回復力を期待できることから身内の大人を積極的にケアする頑張りも周囲から期待されるであろう。結果として,ヤングケアラーがケアする人々の様子や,どのようにケアすればよいかといった方法の助言は与えられても,ヤングケアラーである子どもの日常生活や感情への支援は後回しとなる。また村上（2022）は,以前に比べて大家族や地域の紐帯が減り子どもの孤立が見えにくくなったことも述べている。これは地域コミュニティにおける「共同」の解体である。

　ヤングケアラーの孤立を救うために,村上（2022）は,ヤングケアラーではなく子ども自身に注目する存在として,子どもの日常生活で関わりを果たす「共にコミットする人」が必要であると述べている。ヤングケアラーとして関わらなければならない相手が親である可能性が高いとすれば,本来子どもの日常生活に寄り添いともにコミットした対象が不在で,この役割をどのように備えるか,という見方もできるであろう。コミュニティ心理学的な実践としてまずは,子どもの孤立が見えにくくなった地域コミュニティの解体をどのよう

に扱うかである。とくにヤングケアラーの課題として考えるならば，ケアラーとして期待をかけられるという点で児童期〜青年期前半くらいの子どもが自身の居場所や子どもとして人々と交流できる空間の設置に協力することと，心理支援の立場から子ども自身の思いや感情の表現が受け止められる経験と，それらにより表現の抵抗や無力感が低減されるプロセスを促進する手立てが望まれる。このプロセスは遊戯療法におけるプロセスとも共通する部分があると思われるが，ここではコミュニティにおける「共同」の枠組みとして治療とは異なる枠組みで考える必要があるだろう。子どもの日常生活で「共にコミットする」ことは生活支援にも関わる内容を含むものである。村上（2022）で示されたヤングケアラーの事例においては複数機関による連携の可能性はあったものの距離等の問題から役割分担ができないままであった様子が示されていた。地域支援サービスに関わる機関，職種は増えており連携の発想はしやすくなったものの，実務レベルでのさまざまな困難は多いと推測される。こうした点を問題提起し変革する態度やコミュニティワークをコーディネートする力なども求められるところである。

演習課題2

　身近な仲間集団を取り上げ，相互援助（助け合い）を促進させる要因と抑制させる要因について考えてみよう。

[文献]

植村勝彦．（2017）．コミュニティ心理学の理念．植村勝彦・高畠克子・箕口雅博・原　裕視・久田　満（編）．よくわかるコミュニティ心理学［第3版］（pp.8-11）．ミネルヴァ書房.

尾関周二．（2016）．〈共生社会〉理念の現代的意義と人類史的展望．尾関周二・矢口芳生（監修），亀山純生・木村光伸（編）．共生社会I—共生社会とは何か—（pp.1-25）．農林統計出版.

笹尾敏明．（2017）．コミュニティ感覚．植村勝彦・高畠克子・箕口雅博・原　裕視・久田　満（編）．よくわかるコミュニティ心理学［第3版］（pp.58-61）．ミネルヴァ書房.

村上靖彦．（2022）．支援者の孤立をほどく—ヤングケアラーの事例から—．こころの科学，

222, 12-18.

山本和郎. (1986). コミュニティ心理学—地域臨床の理論と実践—. 東京大学出版会.

山本和郎. (1997). エンパワメントの概念について. コミュニティ心理学研究, *1*(2), 168-169.

渡邉由己. (2022). 高齢者の地域包括ケア. 久田 満・丹羽郁夫 (編). コミュニティ心理学シリーズ第2巻 コンサルテーションとコラボレーション (pp.237-248). 金子書房.

Batson, C. D. (2011). *Altruism in humans.* Oxford, UK: Oxford University Press＝菊池章夫・二宮克美 (訳). (2012). 利他性の人間学—実験社会心理学からの回答—. 新曜社.

Sarason, S. B. (1974). *The psychological sense of community: Prospects for a community psychology.* San Francisco, CA: Jossey Bass.

Sue, D. W. (2010). *Microaggressions in everyday life: Race, gender & sexual orientation.* Hoboken, NJ: Wiley＝マイクロアグレッション研究会 (訳). (2020). 日常生活に埋め込まれたマイクロアグレッション—人種, ジェンダー, 性的指向：マイノリティに向けられる無意識の差別—. 明石書店.

コラム

支援者の「共生」をどのように考えるか

　コミュニティにおいて支援者を考える場合，ヤングケアラーのようにコミュニティで日常生活をともにする「身内」や「仲間」としての支援者のほかに，専門職としての支援者の立場も含まれる。村上（2022）は，ヤングケアラーのような支援者にとって援助が日常的で逃げることのできないものであること，日常的に行われる援助活動である結果，ケアラー側の困難が見えにくいことを指摘し，さらに専門職としての支援者にもこれらが当てはまることも考察している。確かにそのとおりであり，専門職としての支援者に心理支援の必要性が存在する場合がある。しかしながら「ケアの専門家である」という側面から，このことへの指摘は必ずしも多くなかったと思われる。

　コミュニティにおける「身内」や「仲間」としての支援者において，「共生」の対象は，援助を行う相手やコミュニティに所属する人々が想定される。一方で専門職は，支援を行う相手とは職務上の援助対象であることから，常に日常生活をともにする「身内」や「仲間」とは異なる。したがって「共生」を志向するのは，支援における連携や協働を行う他の専門職が想定されるであろう。この関係でもともに支援の役割を負う「仲間」として本文の表1，表2の多くを当てはめられる。

　また「敵対」「共存」「共生」「共同」のプロセスも多職種チームの発展プロセスとして理解できる。専門職間の役割重複や方法論などの違いで対立や距離をとる関係になることもある。多職種が相互尊重と援助的関係による協働（コラボレーション）へと進むことで多職種共生へ至るであろう。

　日常業務のため困難が見えにくいことにより専門職である支援者個人が孤立するリスクは，まずはこうした多職種の連携・協働による「共生」「共同」の実現により低減させる余地が高まる。

［文献］

村上靖彦．（2022）．支援者の孤立をほどく―ヤングケアラーの事例から―．こころの科
　学，*222*，12-18.

編者代表

小山　望
_{おやま}　_{のぞみ}

筑波大学大学院心身障害学研究科博士課程満期退学。博士（社会福祉学），公認心理師，臨床心理士。国立総合児童センター心理職，東京理科大学大学院科学教育研究科教授，埼玉学園大学大学院心理学研究科教授を経て，2021年より田園調布学園大学大学院人間学研究科心理学専攻教授，田園調布学園大学人間福祉学部共生社会学科長・教授。一般社団法人日本共生社会推進協会代表理事
主著：『わかりやすい臨床心理学入門』（編著，2009年），『インクルーシブ保育っていいね──一人ひとりが大切にされる保育をめざして──』（共編著，2013年），『人間関係ハンドブック』（共監修，2017年），『インクルーシブ保育における園児の社会的相互作用と保育者の役割──障がいのある子どもとない子どもの友だちづくり──』（単著，2018年），『これからの「共生社会」を考える──多様性を受容するインクルーシブな社会づくり──』（共監修，2020年）（いずれも福村出版）

著者（50音順。*印は編者）

相澤　哲 _{あいざわ　さとし}	田園調布学園大学人間福祉学部共生社会学科教授
新井雅明 _{あらい　まさあき}	田園調布学園大学人間福祉学部共生社会学科教授
江島尚俊 _{えじま　なおとし}	田園調布学園大学人間福祉学部共生社会学科准教授
小平隆雄 _{おだいら　たかお}	田園調布学園大学人間福祉学部共生社会学科准教授
温泉美雪 _{おんせん　みゆき}	田園調布学園大学人間福祉学部共生社会学科准教授
加藤和成 _{かとう　かずなり}	葛飾こどもの園幼稚園長
國見真理子* _{くにみ　まりこ}	田園調布学園大学人間福祉学部共生社会学科准教授
小泉和博 _{こいずみ　かずひろ}	田園調布学園大学人間福祉学部共生社会学科教授
新名正弥* _{しんめい　まさや}	田園調布学園大学人間福祉学部共生社会学科准教授
高柳瑞穂 _{たかやなぎ　みずほ}	愛知県立大学教育福祉学部社会福祉学科講師
辻本すみ子 _{つじもと　すみこ}	田園調布学園大学SR担当教員
長岡智寿子 _{ながおか　ちずこ}	田園調布学園大学人間科学部心理学科准教授
藤森智子* _{ふじもり　ともこ}	田園調布学園大学人間福祉学部共生社会学科教授
藤原亮一 _{ふじわら　りょういち}	田園調布学園大学人間福祉学部共生社会学科教授
村井祐一 _{むらい　ゆういち}	田園調布学園大学人間福祉学部社会福祉学科教授
渡邉由己 _{わたなべ　ゆうき}	田園調布学園大学人間科学部心理学科教授

イラスト（第5章 図3）

間澤あさ
_{まざわ}（田園調布学園大学人間福祉学部心理福祉学科卒業生）

共生社会学入門
──多様性を認めるソーシャル・インクルージョンをめざして

2024年3月10日　初版第1刷発行

編者代表　　小 山　望

発行者　　　宮 下 基 幸

発行所　　　福村出版株式会社
　　　　　　〒113-0034　東京都文京区湯島 2-14-11
　　　　　　電話　03(5812) 9702
　　　　　　FAX　03(5812) 9705
　　　　　　https://www.fukumura.co.jp

印　刷　　　株式会社文化カラー印刷

製　本　　　協栄製本株式会社